petite collection

DU MÊME AUTEUR

chez le même éditeur

Les chiens de garde

Les matérialistes de l'antiquité

Intellectuel communiste, textes rassemblés et présentés par J.-J. Brochier.

chez d'autres éditeurs

Antoine Bloyé, roman

La conspiration, roman

Le cheval de Troie, roman

Chroniques de septembre, essai.

Paul Nizan

Aden Arabie

Avant-propos de
Jean-Paul Sartre

FRANÇOIS MASPERO
1 Place Paul-Painlevé, 5ᵉ
PARIS
1976

© 1960, François Maspero éditeur.
Première édition : 1932, Rieder, Paris.
ISBN 2-7071-0008-0

AVANT-PROPOS

I

Un jour que Valéry s'ennuyait, il s'approcha de la fenêtre et, le regard perdu dans la transparence d'une vitre, demanda : « Le moyen de cacher un homme ? » Gide était présent ; déconcerté par ce laconisme étudié, il se tut. Pourtant les réponses ne manquaient pas : tous les moyens sont bons, depuis la misère et la faim jusqu'aux dîners priés, de la maison centrale à l'Académie. Mais ces deux bourgeois trop fameux avaient bonne opinion d'eux-mêmes ; ils faisaient tous les jours, publiquement, la toilette de leurs âmes jumelles et croyaient se révéler dans leur vérité nue ; quand ils moururent, longtemps après, l'un morose, l'autre satisfait, tous les deux dans l'ignorance, ils n'avaient pas même écouté la jeune voix qui criait pour nous tous, leurs petits-neveux : « Où l'homme s'est-il caché ? Nous étouffons ; dès l'enfance on nous mutile : il n'y a que des monstres ! »

Celui qui dénonçait ainsi notre situation véritable, ce ne serait pas assez de dire qu'il souffrait dans sa chair : vivant, il ne fut pas une heure sans risquer de se perdre ; mort, il courut un danger pire encore : pour lui faire payer sa clairvoyance, une conjuration d'infirmes prétendit l'escamoter.

Il était du Parti depuis douze ans, quand, en septembre 1939, il fit savoir qu'il le quittait. C'était la faute inexpiable, ce péché de désespérance que le Dieu des chrétiens punit par la damnation. Les communistes ne croient pas à l'Enfer : ils croient au néant. L'anéantissement du camarade Nizan fut décidé. Une balle explosive l'avait, entre tant, frappé derrière la nuque, mais cette liquidation ne satisfit personne : il ne suffisait pas qu'il eût cessé de vivre, il fallait qu'il n'eût pas du tout existé. On persuada les témoins de sa vie, qu'ils ne l'avaient pas connu pour de vrai : c'était un traître, un vendu ; il émargeait au Ministère de l'Intérieur et l'on y avait trouvé des reçus qui portaient sa signature. Des ouvrages qu'il avait laissés un camarade se fit l'exégète bénévole : il y découvrit l'obsession de trahir : un auteur, disait ce philosophe, qui met dans ses romans des mouchards, d'où connaîtrait-il leurs mœurs à moins de moucharder lui-même ? Argument profond, comme on voit, mais dangereux : en effet, l'exégétiste est devenu traître ; on vient de l'exclure ; faut-il lui reprocher d'avoir projeté sur sa victime ses propres obsessions ? En tout cas, la manœuvre réussit : les livres suspects disparurent ; on intimida les éditeurs qui les laissèrent pourrir dans des caves et les lecteurs qui n'osèrent plus les demander. Cette graine de silence germerait ; en dix ans elle produirait la négation la plus radicale : ce mort évacuerait l'histoire, son nom tomberait en poussière, on exfolierait sa naissance du passé commun.

Ils partaient gagnants : un viol de sépulture, la nuit, dans un cimetière mal gardé, ce n'est que du bricolage ; s'ils ont perdu la première manche, c'est qu'ils nous méprisaient trop. Aveuglés par les deuils et par la gloire, les intellectuels du Parti se prenaient pour un ordre de chevalerie, ils se nommaient entre eux les « héros permanents de notre temps » et c'est vers cette époque, je crois, qu'un de mes anciens élèves me dit avec une suave ironie : « Nous autres, les intellectuels communistes, nous souffrons, voyez-vous, d'un complexe de supériorité ! » En un mot, des sous-hommes inconscients de leur sous-humanité. Donc ils poussèrent la morgue jusqu'à faire l'essai de leurs calomnies sur les meilleurs amis de Nizan : un test en quelque sorte. L'épreuve fut décisive : sommés publiquement de produire leurs preuves, ils se débandèrent en nous reprochant de ne jamais leur faire confiance et de n'être vraiment pas gentils.

La seconde manche, c'est nous qui l'avons perdue : confondre n'est rien ; il fallait convaincre, pousser notre avantage, couper la retraite aux ennemis. Notre victoire nous fit peur : nous les aimions bien dans le fond, ces injustes soldats de la Justice ; quelqu'un dit : « N'insistons pas, ils vont finir par se fâcher. » Nous n'entendîmes plus parler de cette histoire, mais, de bouche à oreille, elle fit le tour du P. C. et les nouvelles recrues, à Bergerac, à Mazamet apprirent sans l'ombre d'un doute mais sans passion les antiques forfaits d'un inconnu qui s'appelait Nizan.

Quand j'y réfléchis, notre négligence me paraît suspecte ; que nous ayons cru de bonne foi l'homme rétabli dans son innocence, je l'admets à la rigueur. Mais l'œuvre ? Est-il admissible que nous n'ayons rien tenté pour la sauver de l'oubli ? Elle avait voulu déplaire : c'est son plus grand mérite ; et je suis sûr à présent, qu'elle nous déplaisait. Je rappelle en effet que nous avions acquis des âmes neuves et belles : si belles que j'en rougis encore. La Nation ne veut rien perdre ; elle décida de nous confier ces lagunes insatiables et vides dont elle n'avait que faire : les douleurs englouties, les exigences insatisfaites des trépassés, bref tout ce qui n'est pas récupérable. On reversa sur nos têtes les mérites de ces martyrs, on nous décora vifs à titre posthume. Morts d'honneur, en somme : tout le monde chuchotait que nous étions des Justes ; souriants, légers, funèbres, nous prenions cette vacuité noble pour une plénitude et cachions notre promotion sans pareille sous la simplicité de nos manières. La Vertu fut, avec le whisky, notre principal divertissement. Amis de tout le monde ! L'ennemi avait inventé les classes pour nous perdre : battu, il les remportait avec lui. Ouvriers, bourgeois, paysans communiaient dans l'amour sacré de la Patrie. Dans les milieux autorisés, on croyait savoir que l'abnégation paie *cash*, que le crime ne paie pas, que le pire n'est jamais sûr et que le progrès des mœurs fait avancer les techniques. Nous prouvions par notre existence même et par notre infatuation que les méchants sont toujours punis et les bons toujours récompensés. Glorieuse, apaisée, la Gauche venait d'entrer dans cette inflexible agonie qui devait la mettre au tombeau treize ans plus tard au son des fanfares militaires et nous, pauvres cons, nous lui trouvions bonne mine. Des soldats et des politiques venus d'Angleterre et d'Algérie écrasaient dans nos yeux la Résistance, subtilisaient la Révolution et nous écrivions dans les journaux, dans nos livres, que tout allait très bien : nos âmes avaient repris à leur compte l'essence exquise de ces mouvements anéantis.

Nizan, c'était un trouble-fête. Il appelait aux armes, à la haine : classe contre classe ; avec un ennemi patient et mortel, il n'y a pas d'accompagnements ; tuer ou se faire tuer : pas de milieu. Et ne jamais dormir. Il avait répété toute sa vie, avec sa gracieuse insolence, le regard baissé sur ses ongles : ne croyez pas au père·Noël. Il était mort, la guerre venait de finir ; dans toutes les cheminées françaises il y avait des souliers, des bottes et le père Noël les remplissait de conserves américaines. Ceux qui feuilletèrent alors « Aden », « Antoine Bloyé », je suis sûr qu'ils en interrompirent vite la lecture, avec une noble pitié : Littérature d'avant-guerre ; simpliste et décidément périmée. » Qu'avions-nous besoin d'une Cassandre ? S'il eût vécu, nous pensions qu'il eût partagé notre nouvelle subtilité, autant dire nos compromissions. Qu'est-ce qui avait préservé sa violente pureté ? Une balle perdue, rien d'autre ; il n'y a pas de quoi se vanter. Ce mauvais mort se marrait doucement : il avait écrit dans ses livres qu'un bourgeois français, passé quarante ans, n'est plus qu'une carcasse. Et puis il s'était esquivé. A trente-cinq ans. A présent, nous, ses condisciples, ses camarades, gonflés de cette flatulence que nous appelions notre âme, nous tournions sur les places publiques, distribuant à chacun nos baisers Lamourette. Et nous avions quarante ans. Protéger l'innocence, c'était notre affaire ; justes, nous rendions la Justice. Mais nous laissâmes « Aden » aux mains des communistes parce que nous abominions ceux qui contestaient nos mérites.

D'après la loi, cette attitude était punissable : refus de

secourir une personne en danger. Si nous n'avons pas liquidé moralement ce confrère, c'est que nous n'en avions pas le moyen. La réhabilitation fut une farce ; une farce, la mise au tombeau. « Tu causes, tu causes, c'est tout ce que tu sais faire. » Nous causions : notre belle âme, c'était la mort des autres ; nos vertus, c'était notre radicale impuissance. En vérité, il n'appartenait qu'aux jeunes de ressusciter l'écrivain Nizan. Mais les jeunes gens de l'époque — aujourd'hui carcasses quadragénaires — n'y songèrent pas. A peine réchappés d'une épidémie, que leur importait ce mal endémique, la mort bourgeoise ? Nizan leur demandait de rentrer en eux-mêmes quand ils croyaient enfin pouvoir en sortir. Oh ! bien sûr ! ils mourraient, Socrate est mortel, Madame se meurt, Madame est morte : on leur avait fait apprendre à l'école des pages célèbres, le Lac, un sermon de Bossuet. Mais il y a temps pour tout : et c'était le temps de vivre puisque, pendant cinq ans, ils avaient pensé mourir. Adolescents, la défaite les avait étourdis ; ils s'étaient désolés de ne plus respecter personne, ni leurs pères, ni la meilleure armée du monde qui avait foutu le camp sans combattre. Les plus généreux s'étaient donnés au Parti qui leur avait tout rendu : une famille, une règle monastique, un tranquille chauvinisme, une respectabilité. Au lendemain de la guerre, cette jeunesse-là devint folle d'orgueil et d'humilité : elle trouva son plaisir dans un comportement d'obéissance ; j'ai dit qu'elle nous méprisait tous : par compensation. Elle pinçait au sang les lendemains pour les contraindre à chanter ; on peut imaginer que l'horrible clairon de ces volatiles couvrait la voix mince et glacée de Nizan, la voix sans lendemain de la mort et de l'éternité. D'autres adolescents se décomprimaient doucement dans des caves : ils dansaient, ils aimaient, ils allaient les uns chez les autres et, dans de grands potlatches tournants, ils jetaient par les fenêtres les meubles de leurs parents : ils faisaient, en un mot, tout ce qu'un jeune homme peut faire. Quelques-uns, même, lisaient. Désespérés, bien sûr. Tous : c'était la mode. Et de tout : sauf du vigoureux plaisir de se désespérer. Sauf de la vie. Après cinq ans, leur avenir se dégelait : ils avaient des projets, le candide espoir de renouveler les lettres par le désespoir, de connaître les dégoûts des grands voyages autour du monde, l'insoutenable ennui de gagner de l'argent ou de séduire les femmes, ou, tout simplement, de devenir un pharmacien, un dentiste désespéré et de rester longtemps, très longtemps, sans autre souci que ceux de la condition humaine dans sa généralité. Qu'ils étaient gais ! Nizan n'avait rien à leur dire : il parlait de la condition de l'homme, beaucoup des choses sociales et de nos aliénations ; il connaissait la terreur et la hargne plutôt que les douceurs du désespoir ; les jeunes bourgeois qu'il fréquentait, il haïssait en eux son reflet et, qu'ils fussent ou non désespérés, il les trouvait désespérants. On garda ses livres pour le temps des vaches maigres et l'on fit bien.

Enfin Marshall vint : cette génération de danseurs et de féaux reçut la guerre froide en plein cœur. Nous autres, les vieux, nous y laissâmes quelques plumes et toutes nos vertus. « Le crime paie ; on paie le crime. » Au retour de ces bonnes maximes, nos belles âmes crevèrent dans la pestilence : bon débarras. Mais nos cadets payèrent pour tout le monde. Les rats de la cave devinrent de vieux jeunes gens stupéfaits. Les uns grisonnent, d'autres ont un genou, d'autres la brioche. Figée, leur décompression n'est plus qu'une inerte cavité. Ils font ce qu'il faut, modestement, gagnent leur pain, possèdent une 403, une maison de campagne, une femme, des enfants. Mais d'un même coup d'aile, espoir et désespoir les ont quittés. Ces garçons s'apprêtaient à vivre, ils « partaient » : leur train s'est arrêté en pleins champs. Ils n'iront nulle part et ne feront rien. Quelquefois, un souvenir brouillé leur revient de leur superbe turbulence ; alors ils se demandent : « Mais qu'est-ce que nous voulions ? » et ne se rappellent pas. Ces adaptés souffrent d'une désadaptation chronique, ils en mourront : des clochards sans misère ; on les gave, ils ne servent pas. Je les revois, à vingt ans, si vifs, si gais, appliqués à prendre la relève. Je regarde aujourd'hui leurs yeux rongés par ce cancer, l'étonnement, et je pense qu'ils ne méritaient pas cela. Quant aux fidèles vassaux, les uns n'ont pas renouvelé l'hommage, les autres sont tombés au rang de vavasseurs. Tous misérables : les premiers trublionnent à ras de terre mais sans pouvoir se poser ; ces moustiques consternés ont tout perdu et d'abord la pesanteur ; sacrifiant leurs organes de locomotion, les seconds se sont enracinés dans le sable, le moindre coup de vent peut transformer ces végétaux en essaim. La même stupeur unit nomades et sédentaires : où donc s'est perdue leur vie ? Nizan peut répondre. Aux désespérés comme aux féaux. Mais je doute qu'ils veuillent ou qu'ils puissent le lire : pour cette génération perdue, mystifiée, ce mort vigoureux sonne le glas.

Mais ils ont des fils de vingt ans, nos petits-fils, qui font le constat de leurs défaites et des nôtres. Jusqu'à ces derniers temps, les enfants prodigues disaient merde à leurs pères et passaient à la gauche, avec armes et bagages ; le révolté, c'était classique, se changeait en militant. Mais si les pères sont à gauche ? Que faire ? Un jeune homme est venu me voir : il aimait ses parents mais, dit-il avec sévérité : « Ce sont des réactionnaires ! » J'ai vieilli et les mots avec moi : dans ma tête ils ont mon âge ; je m'égarai, je crus avoir affaire au rejeton d'une famille aisée, un peu bigote, libérale peut-être et votant pour Pinay. Il me détrompa : « Mon père est communiste depuis le congrès de Tours. » Un autre, fils de socialiste, condamnait à la fois la S.F.I.O. et le P.C. : « Les uns trahissent, les autres s'encroûtent. » Et quand les pères seraient conservateurs, quand ils soutiendraient Bidault ? Croit-on qu'elle puisse attirer les fils, la Gauche, ce grand cadavre à la renverse, où les vers se sont mis ? Elle pue, cette charogne ; les pouvoirs des militaires, la dictature et le fascisme naissent ou naîtront de sa décomposition ; pour ne pas se détourner d'elle, il faut avoir le cœur bien accroché. Nous les grands-pères, elle nous a faits : nous avons vécu par elle ; c'est en elle et par elle que nous allons décéder. Mais nous n'avons plus rien à dire aux jeunes gens : cinquante ans de vie en cette province attardée qu'est devenue la France, c'est dégradant. Nous avons crié, protesté, signé, contresigné ; nous avons, selon nos habitudes de pensée, déclaré : « Il n'est pas admissible... » ou « Le prolétariat n'admettra pas... » Et puis finalement nous sommes là : donc nous avons tout accepté. Communiquer à ces jeunes inconnus notre sagesse et les beaux fruits de notre expérience ? De démission en démission, nous n'avons appris qu'une chose : notre radicale impuissance. J'en conviens ! C'est le commencement de la Raison, de la lutte pour la vie. Mais nous avons de vieux os : et nous découvrons que nous n'avons rien fait à l'âge où l'on médite d'écrire son testament. Leur dirons-nous : « Soyez Cubains, soyez Russes ou Chinois, selon votre goût, soyez Africains ? » Ils nous répondront qu'il est bien tard pour changer de naissance. Bref, comptables ou casseurs d'assiettes, blousons noirs ou techniciens, ils luttent sans espoir et seuls, contre l'asphyxie. Ceux qui choisissent la famille et le métier, ne croyez pas qu'ils se résignent : ils ont tourné leur violence contre eux-mêmes et se ravagent ; réduits par leurs pères à l'impuissance, ils se font culs-de-jatte par ressentiment. Les autres brisent tout, frappent n'importe qui avec n'importe quoi, un couteau, une chaîne de bicyclette : pour fuir leur malaise, ils feront tout sauter. Rien ne saute, ils se retrouvent au commissariat, en sang : c'était un beau Dimanche, ils feront mieux Dimanche prochain. Donner les coups, les prendre, c'est pareil : faut que ça saigne ; dans l'hébétude qui suit les bagarres, on ne souffre que de meurtrissures, on a le plaisir funèbre de ne penser à rien.

A ces « Angry young men » qui parlera ? Qui peut éclairer leur violence ? Nizan, c'est leur homme. D'année en année, son hibernation l'a rajeuni. Il était notre contemporain hier ; aujourd'hui c'est le leur. Quand il vivait, nous partagions ses colères, mais, finalement, aucun d'entre nous n'a fait « l'acte surréaliste le plus simple », et puis nous voilà vieux ; nous avons tant de fois trahi notre jeunesse qu'il est simplement décent de la passer sous silence. Nos souvenirs anciens ont perdu leurs griffes et leurs dents ; vingt ans, oui, j'ai dû les avoir, mais j'en ai cinquante-cinq et je n'oserais pas écrire : « J'avais vingt ans. Je ne laisserai personne dire que c'est le plus bel âge de la vie. » Tant de passion — et si hautaine — sous ma plume, ce serait de la démagogie. Et puis, je mentirais : le malheur des cadets est total, je le sais, je l'ai peut-être senti, autrefois, mais il est humain encore puisqu'il leur vient par des hommes qui sont leurs pères ou leurs aînés ; le nôtre vient de nos artères ; étranges objets à demi rongés par la nature, par des végétations, couverts de fourmis nous ressemblons aux boissons tièdes, aux peintures idiotes qui divertissaient Rimbaud. Jeune et violent, frappé de mort violente, Nizan peut sortir du rang, parler de la jeunesse à nos jeunes gens : « Je ne permettrai à personne... » Ils reconnaîtront leur propre voix. Il peut dire aux uns : vous mourez de modestie, osez désirer, soyez insatiables, délivrez les forces terribles qui se font la guerre et tournent en rond sous votre peau, ne rougissez pas de vouloir la lune : il nous la faut. Et aux autres : dirigez votre rage sur ceux qui l'ont provoquée, n'essayez pas d'échapper à votre mal, cherchez ses causes et cassez-les. Il peut tout leur dire car c'est un beau jeune monstre comme eux, qui partage leur terreur de mourir et leur haine de vivre dans le monde que nous leur avons fait. Il était seul, il devint communiste, cessa de l'être et mourut seul, près d'une fenêtre, sur les marches d'un escalier. Cette vie s'explique par son intransigeance : il se fit révolutionnaire par révolte et quand la révolution dut céder le pas à la guerre, il retrouva sa violente jeunesse et finit en révolté.

Nous voulions écrire l'un et l'autre. Il publia son premier livre bien avant que je trace un mot du mien. A l'époque où parut la « Nausée », si nous eussions prisé ces présentations solennelles, ce fut lui qui m'eût préfacé. C'est la mort qui a renversé les rôles. La mort et la diffamation systématique. Il trouvera ses lecteurs sans mon aide : j'ai dit quel sera son public naturel. Mais j'ai cru qu'il fallait cet avant-propos pour deux raisons principales : pour montrer à tous les yeux la scientifique abjection de ses calomniateurs ; pour avertir les jeunes gens de donner à ses mots tout leur poids. Ils étaient jeunes et durs, ces mots ; c'est nous qui les avons fait vieillir. Si je veux leur restituer l'éclat qu'ils eurent avant la guerre, il faut que je me rappelle la belle époque de nos refus et que je la fasse revivre avec Nizan, l'homme qui a dit non jusqu'au bout. Sa mort fut la fin d'un monde : après lui la Révolution construisit, la Gauche se définit par l'assentiment si bien qu'elle expira, un jour de l'automne 58, en murmurant un dernier oui. Tâchons de retrouver le temps de la haine, du désir inassouvi, de la destruction, ce temps où

André Breton, à peine plus âgé que nous n'étions, souhaitait voir les Cosaques abreuver leurs chevaux dans le bassin de la Concorde.

II

L'erreur que je veux éviter aux lecteurs, je l'ai commise moi-même et de son vivant. Nous étions pourtant liés : au point qu'on nous prenait l'un pour l'autre ; Léon Brunschvicg, en juin 39, nous rencontra tous deux chez l'éditeur Gallimard et me félicita d'avoir écrit « Les Chiens de Garde » : « ... bien que, me dit-il sans amertume, vous ne m'avez guère ménagé. » Je lui souris en silence ; à côté de moi, Nizan lui souriait : le grand idéaliste partit sans être détrompé. Depuis dix-huit ans qu'il durait, ce confusionisme, il était devenu notre statut social et nous avions fini par l'accepter. De 1920 à 1930, surtout, lycéens puis étudiants, nous fûmes indiscernables. Pourtant je ne le voyais pas tel qu'il était.

Son portrait, j'eusse été capable de le faire : taille moyenne, cheveux noirs. Il louchait, comme moi, mais en sens inverse, c'est-à-dire agréablement. Le strabisme divergent faisait de mon visage une terre en friche ; le sien convergeait, lui donnait un air de malicieuse absence même quand il nous prêtait attention. Il suivait de près la mode, avec insolence : à dix-sept ans, il fit serrer ses pantalons autour de ses chevilles, si étroitement qu'il avait peine à les enfiler ; un peu plus tard ils s'élargirent en « *pattes d'éléphant* » jusqu'à dissimuler ses souliers ; puis, d'un seul coup, remontés au genou et bouffant comme des jupes, ils se métamorphosèrent en culottes de golf. Il eut une canne de jonc, un monocle, de petits cols ronds, des cols cassés ; il troqua ses lunettes de fer contre d'énormes lunettes d'écaille ; touché par le snobisme anglo-saxon qui ravageait la jeunesse, il les appelait ses « guggles ». J'essayai de le suivre ; mais ma famille fit une résistance efficace, alla jusqu'à soudoyer le tailleur et puis on avait dû me jeter un sort : sur mon dos les beaux habits se changeaient en hardes. Je me résignai à contempler Nizan. Avec un ébahissement plein d'admiration. A l'Ecole Normale, personne ne soignait sa mise sauf quelques provinciaux qui portaient fièrement des guêtres, et qui mettaient des mouchoirs de soie dans la pochette de leur veston ; je ne me rappelle pas cependant que personne ait désapprouvé les toilettes de Nizan : nous étions fiers d'avoir un dandy parmi nous. Il plaisait aux femmes, d'ailleurs, mais les tenait à distance. A l'une d'elles qui vint s'offrir à lui jusque dans notre « thurne » il répondit : « Madame, nous nous salirions. » En fait, il n'avait de goût que pour les jeunes filles : il les choisissait sottes et vierges, séduit par le secret vertigineux de la bêtise, notre seule profondeur et par l'éclat verni d'une chair sans souvenirs. De fait, durant l'unique liaison que je lui connus, il fut tourmenté sans répit par la jalousie la plus vaine : il ne supportait pas que sa maîtresse eût un passé. Je ne comprenais rien à ces conduites pourtant fort claires. Je m'obstinais à n'y voir que des traits de caractère. Traits de caractère aussi, son cynisme charmant, son « humour noir », son implacable et douce agressivité : il ne haussait jamais le ton ; je ne l'ai jamais vu froncer les sourcils, ni jamais entendu forcer la voix : il repliait les doigts et, comme je l'ai dit, s'absorbait dans la contemplation de ses ongles, en lâchant ses violences avec une sournoise et trompeuse sérénité. Nous avions donné ensemble dans tous les pièges : à seize ans, il m'avait proposé d'être surhomme et j'avais accepté très volontiers. Nous serions deux ; Breton, il nous donna des noms gaéliques ; nous couvrîmes tous les tableaux noirs de ces mots étranges : R'hâ et Bor'hou. R'hâ, c'était lui. Un de nos camarades voulut partager notre dignité nouvelle. Nous lui imposâmes des épreuves. Il devait, par exemple, déclarer à voix haute qu'il conchiait l'armée française et le drapeau ; ces propos n'avaient pas l'audace que nous leur prêtions : ils étaient courants à l'époque et reflétaient l'internationalisme, l'antimilitarisme de l'ancienne avant-guerre. Pourtant, le candidat se déroba, les deux surhommes restèrent seuls et finirent par oublier leur surhumanité.

Nous marchions à travers Paris, pendant des heures, des journées : nous en découvrions la faune et la flore, les pierres, émus aux larmes quand s'allumaient les premiers feux de réclames électriques ; nous pensions que le monde était neuf parce que nous étions neufs dans le monde ; Paris fut notre lien, nous nous aimions à travers les foules de cette ville grise, sous les ciels légers de ses printemps. Nous marchions, nous parlions, nous inventions notre langage, un argot intellectuel comme en fabriquent tous les étudiants. Une nuit, les surhommes en disponibilité montèrent sur la colline du Sacré-Cœur et virent à leurs pieds une joaillerie en désordre. Nizan planta sa cigarette dans la commissure gauche de ses lèvres, tordit la bouche en une affreuse grimace, et dit simplement : « Hé ! Hé ! Rastignac. » Je répétai : « Hé ! Hé ! » comme il se devait et nous redescendîmes, satisfaits d'avoir marqué si discrètement l'étendue de nos connaissances littéraires et la mesure de notre ambition. De ces promenades, de ce Paris, personne n'a mieux parlé que mon ami : qu'on relise « La Conspiration », on y retrouvera le charme neuf et vieillot de cette capitale du Monde qui ne savait pas encore qu'elle deviendrait chef-lieu de canton. L'ambition, les sautes d'humeur, les colères blanches et douces : je prenais tout comme cela venait ; tel était Nizan, calme et perfide, charmant ; tel je l'aimais. Il s'est décrit lui-même, dans « Antoine Bloyé », comme « un adolescent taciturne, enfoncé déjà dans les aventures de la jeunesse et qui désertait l'enfance avec une sorte d'avide exaltation ». Et c'est ainsi que je le voyais. Sa taciturnité, j'en fis l'expérience à mes dépens. En hypokhâgne nous restâmes six mois brouillés, j'en souffris. A l'Ecole Normale où nous partagions la même thurne, il restait des jours sans me parler ; en seconde année, il s'assombrit encore, il traversait une crise dont il ne prévoyait pas l'issue ; il disparaissait, on le retrouvait trois jours plus tard, ivre avec des inconnus. Et, quand mes camarades m'interrogeaient sur « ses frasques », je ne trouvais rien à répondre sinon qu'il était « d'une humeur de chien ». Il m'avait dit pourtant qu'il avait peur de mourir, mais étant assez fou pour me croire immortel, je le blâmais, je lui donnais tort : la mort ne valait pas une pensée ; les affres de Nizan ressemblaient à sa jalousie rétrospective : c'étaient des originalités qu'une saine morale devait combattre. N'y tenant plus, il partit : il devint précepteur dans une famille anglaise, à Aden. Nous autres, les enracinés de l'Ecole, ce départ nous scandalisa, mais comme Nizan nous intimidait, nous trouvâmes une explication bénigne : l'amour des voyages. Quand il revint, l'année suivante, c'était la nuit, personne ne l'attendait, j'étais seul dans ma thurne, l'inconduite d'une jeune provinciale m'avait plongé, depuis la veille, dans une indignation chagrine. Il entra sans frapper ; il était blême, un peu soufflé, sinistre. Il me dit : « Tu n'as pas l'air gai. » Je lui répondis : « Toi non plus. » Sur quoi nous allâmes boire et faire le procès du monde, tout heureux de notre entente retrouvée. Mais ce n'était qu'un malentendu : ma colère n'était qu'une bulle de savon, la sienne était vraie ; l'horreur de retrouver sa cage et d'y rentrer déconfit lui brûlait le gosier ; il cherchait un secours que personne ne pouvait lui donner ; ses paroles de haine, c'était de l'or pur ; les miennes, de la fausse monnaie. Dès le jour suivant, il s'enfuit. Il vécut chez sa fiancée, entra au P. C., se maria, eut une fille, pensa mourir de l'appendicite puis, agrégé, enseigna la philosophie à Bourg et se présenta aux élections législatives. Je le vis moins : j'étais professeur au Havre et puis il vivait en famille, sa femme lui avait donné un second enfant, un fils, mais surtout, le Parti nous sépara : j'étais sympathisant, mais non pas initié. Je demeurais son ami d'adolescence, un petit bourgeois qu'il aimait bien. Pourquoi ne l'ai-je pas compris ? Les signes ne manquaient pas : pourquoi n'ai-je pas voulu les voir ? Ce fut par jalouie, je crois : je niai les sentiments que je ne pouvais partager. J'ai tout de suite pressenti qu'il avait d'incommunicables passions, un destin qui nous séparerait ; j'ai eu peur et je me suis aveuglé. A quinze ans, ce fils de dévote voulut entrer dans les Ordres : je ne l'ai su que longtemps après. Mais je me rappelle encore mon égarement scandalisé, quand, tournant avec moi dans la cour du lycée, il me dit : « J'ai déjeuné chez le pasteur. » Il vit ma stupeur et m'expliqua d'un air détaché : « Il se pourrait que je me convertisse au protestantisme. » « Toi, lui dis-je, indigné. Mais... tu ne crois pas en Dieu. » « Eh non, répondit-il, mais leur morale me plaît. » Mme Nizan menaça de lui couper les vivres et le projet fut abandonné : mais il avait suffi d'un instant pour me faire entrevoir derrière cet « enfantillage » l'impatience d'un malade qui se tourne et se retourne pour échapper à la douleur. Je ne voulais pas, moi, qu'il eût cette douleur inaccessible : nous avions en commun des mélancolies de surface, cela suffisait ; pour le reste, j'essayais de lui imposer mon optimisme. Je lui répétais que nous étions libres : il ne répondait pas, mais son mince sourire de coin en disait long. D'autres fois, il se disait matérialiste — à peine avions-nous dix-sept ans — et c'était moi qui souriais dédaigneusement ; matérialiste, déterministe : il sentait le poids physique de ses chaînes ; je ne voulais pas sentir celui des miennes. Je détestais qu'il fît de la politique parce que je n'avais pas le besoin d'en faire. Communiste, puis valaisien, puis de nouveau communiste, il était facile de le tourner en dérision et je ne m'en privais pas : en fait ces amples oscillations marquaient son opiniâtreté : qu'il hésitât entre deux termes extrêmes, rien de plus excusable à dix-huit ans. Ce qui ne variait pas, c'était son extrémisme : il fallait, en tout cas, ruiner l'ordre établi. Cet ordre, pour ma part, j'aimais qu'il existât et pouvoir lui jeter ces bombes : mes paroles. Ce vrai besoin de s'unir à des hommes pour soulever ensemble les pierres qui les étouffaient, je voulus n'y voir qu'une extravagance de dandy : il était communiste comme il portait monocle, par un goût menu de scandaliser. A l'Ecole, il souffrait, je lui reprochais sa souffrance : nous allions écrire, nous ferions de beaux livres qui justifieraient notre existence, de quoi se plaignait-il, puisque je ne me plaignais pas ? Au milieu de la seconde année, il déclara brusquement que la littérature l'ennuyait, qu'il serait opérateur de cinéma, un ami lui donna quelques leçons. Je lui en voulus ; en m'expliquant qu'il avait pris les notes en horreur pour en avoir trop lu, trop écrit et qu'il voulait agir sur les choses, les transformer en silence, avec ses mains, il ne fit qu'aggraver son cas : ce démissionnaire du Verbe ne pouvait condamner l'écriture sans porter sentence contre moi. Il ne me vint pas à l'idée que

Nizan cherchait, comme on disait alors, à faire son salut et que les « cris écrits » ne sauvent pas.

Il ne fut point opérateur et je triomphai. Mais brièvement : son départ pour Aden m'agaça ; pour lui, ce fut une question de vie ou de mort, je le devinai ; pour me rassurer, j'en fis une excentricité nouvelle. Je fus obligé de m'avouer que je ne comptais guère à ses yeux ; mais je me dis aujourd'hui : à qui la faute ? Où trouvera-t-on refus plus opiniâtre de comprendre, et, par conséquent, d'aider. Quand il revenait de ses bordées, fuites paniques, en rond, avec la mort à ses trousses, je l'accueillais sans dire un mot, les lèvres pincées, avec la dignité d'une vieille épouse qui se résigne aux outrages à la condition de marquer le coup. Il est vrai qu'il ne m'encourageait guère : il allait s'asseoir à sa table, sombre, hirsute, les yeux tachés de sang et, s'il m'arrivait de lui adresser la parole, il me regardait, avec une stupeur haineuse. N'importe : je me reproche de n'avoir eu dans la tête que ces trois mots : « Quel sale caractère ! » et de n'avoir jamais tenté, fût-ce par curiosité, de m'expliquer ces escapades. Son mariage, je l'ai compris tout à l'envers : j'avais de l'amitié pour sa femme mais je faisais du célibat un principe moral, une règle de vie ; donc il ne pouvait en être autrement pour Nizan : je décidai qu'il avait épousé Rirette parce qu'il ne pouvait pas l'avoir autrement ; j'ignorais, à vrai dire, qu'un jeune homme en proie à une famille terrible ne peut s'en délivrer qu'en fondant une famille. J'étais vieux garçon de naissance, mais le célibataire qui vivait à mes côtés, je n'ai pas compris que le célibat lui pesait, qu'il détestait les aventures — parce qu'elles ont un goût de mort — comme il a détesté les voyages et que, lorsqu'il disait « les hommes sont sédentaires » ou « donnez-moi mon champ... mes besoins, mes hommes », il réclamait tout simplement sa part de bonheur : une maison, une femme, des enfants.

Quand il a publié « Aden, Arabie », j'ai trouvé que le livre était bon et je m'en suis réjoui. Mais je n'y ai vu qu'un leste pamphlet, un tourbillon de paroles légères ; beaucoup de ses camarades, ont fait la même erreur : nous étions de parti pris. L'Ecole Normale, pour la plupart d'entre nous, pour moi, fut du premier jour, le commencement de l'indépendance. Beaucoup peuvent dire, comme je fais, qu'ils y ont eu quatre ans de bonheur. Or, voici qu'un furieux nous sautait à la gorge : « ... L'Ecole Normale, objet comique et plus souvent odieux, présidée par un petit vieillard patriote, hypocrite et puissant qui respectait les miltaires... » Nous étions « des adolescents fatigués par des années de lycée, corrompus par les Humanités, par la morale et la cuisine bourgeoise ». Nous prîmes le parti d'en rire : « Il ne crachait pas sur l'Ecole, dis donc, quand il y était ; il s'amusait plutôt, le gars, avec les adolescents fatigués. » Et de rappeler toutes nos sages folies : il y avait participé de bon cœur. Oubliant ses fugues, ses mépris, la grande déroute qui l'emporta jusqu'en Arabie, nous ne vîmes dans sa passion qu'une rhétorique démesurée. Pour moi, j'étais sottement peiné, il ternissait mes souvenirs : puisque Nizan partageait ma vie à l'Ecole, il fallait qu'il y eût été heureux ou que, dès ce temps-là notre amitié fût morte. Je préférai sauver le passé ; je me dis : « Il exagère ! » Je pense aujourd'hui qu'elle était déjà morte, cette amitié, sans qu'il y eût de notre faute, et que Nizan, rongé de solitude, avait besoin de combattre au milieu des hommes plutôt que de bavarder avec son image infidèle et trop connue. C'est moi qui l'ai maintenue et embaumée, par des ignorances préméditées, par des mensonges. Nos chemins n'ont cessé de s'écarter l'un de l'autre, voilà le vrai ; il aura fallu beaucoup d'années et que je comprenne enfin ma route pour que je puisse aujourd'hui parler sans erreur de la sienne.

Plus sinistre est la vie, plus absurde la mort. Je ne prétends pas qu'on ne puisse être ébloui, en plein travail, en plein espoir par les foudres d'une évidence funèbre. Je dis qu'un jeune homme craint de mourir quand il est mécontent de son sort. Avant qu'on le conduise par la main au strapontin qu'on lui réserve, un étudiant, c'est l'infini, l'indéfini : il passe aisément d'une doctrine à l'autre, aucune ne le retient, il éprouve l'équivalence de toutes les pensées. De fait, ce qu'on nomme « humanités » dans les programmes scolaires, ce n'est que l'enseignement des grandes erreurs passées. Formés par nos Républiques à l'image de M. Teste, ce citoyen idéal qui ne dit, qui ne fait rien mais qui n'en pense pas moins, ces jeunes gens mettront vingt ans à comprendre que les idées sont des pierres, qu'elles ont un ordre inflexible et qu'il faut en user pour bâtir. Tant que des hommes usés, discrets, jusqu'à la transparence pousseront l'objectivité bourgeoise jusqu'à leur demander d'entrer dans les vues de Séron, de Loyola, de M. Thiers, chacun de ces apprentis se prendra pour l'Esprit, ce gaz incolore et sans saveur qui tantôt s'étend jusqu'aux galaxies et tantôt se condense en formules ; la jeune élite est tout, elle n'est rien : cela veut dire qu'elle est entretenue par l'Etat, par les familles ; sous cette vaporeuse indistinction sa vie brûle ; tout à coup l'esprit pur rencontre ce butoir : la mort. En vain cherche-t-il à l'envelopper pour la dissoudre : la mort ne peut se penser. Un accident frappe un corps ; un fait brut doit mettre un terme à l'indétermination brillante des idées. La nuit, ce scandale réveille plus d'un adolescent terrifié : contre la peine capitale et son incompréhensible singularité, la Culture universelle n'est pas un recours. Plus tard, quand l'individualité de son corps se reflétera dans celle de son entreprise, un jeune homme intégrera sa mort à sa vie, n'y verra plus qu'un risque parmi d'autres — parmi tous ceux qui menacent son travail et sa famille. Pour les hommes qui ont la chance bien rare de pouvoir aimer ce qu'ils font, le naufrage final, moins effrayant à mesure qu'on s'en approche, se monnaye en petits soucis.

J'ai décrit le sort commun. C'est rien ; mais quand l'angoisse survit à l'adolescent, quand elle devient le secret profond de l'adulte et le ressort de ses décisions, l'infirme connaît ses plaies : sa terreur de ne vivre bientôt plus reflète simplement son horreur d'avoir encore à vivre. La mort est la sentence irrémédiable ; elle condamne pour l'éternité les misérables à n'avoir été que cela : des indécentes calamités. Nizan redoutait ce destin : ce monstre rampait au hasard parmi les monstres ; il craignait déclater un jour et qu'il ne restât rien. Que la mort fût l'éclairage définitif de la vie, il le savait depuis longtemps quand il a prêté ces propos à l'un de ses personnages : « Si je pense à ma mort, c'est bien fait. C'est que ma vie est creuse, ne mérite que la mort. » Dans le même livre, Bloyé prend peur « du visage uniforme de sa vie... et (cette peur) vient d'une région plus profonde encore que les endroits sanglants du corps où se forment les avertissements des maladies ».

De quoi souffrait-il, en somme ? Pourquoi lui semblais-je, plus qu'à tous les autres, dérisoire quand je parlais de notre liberté ? S'il croyait, dès seize ans, à l'inflexible enchaînement des causes, c'est qu'il se sentait contraint et manœuvré : « Il y a en nous des divisions, des aliénations, des guerres et des palabres... » « Chaque homme est divisé entre les hommes qu'il peut être... » Enfant solitaire, il connaissait trop sa singularité pour se jeter, comme je le fis, sur les idées universelles : esclave, il vint à la philosophie pour se délivrer et Spinoza lui fournit son modèle : dans les deux premiers genres de connaissance, l'homme reste serf parce qu'il est incomplet ; la connaissance du troisième genre fait sauter les cloisonnements, les déterminations négatives : c'est tout un, pour le mode, que de retourner à la substance infinie et de réaliser la totalité affirmative de son essence particulière. Nizan voulait supprimer tous les murs : il unifierait sa vie par la proclamation de ses désirs et par leur asservissement.

Le désir le plus facile à nommer vient du sexe et de ses convoitises brimées : dans une société qui réserve ses femmes aux vieillards et aux riches, c'est le premier malheur d'un jeune homme sans fortune et la prémonition de ses ennuis futurs. Nizan parlait avec amertume des vieux qui baisaient nos femmes et prétendaient nous châtrer. Mais, pour tout dire, nous vivions à l'époque du Grand Désir : les surréalistes voulaient réveiller cette infinie concupiscence dont l'objet n'est autre que Tout. Nizan cherchait médecine et prenait ce qu'il trouvait : à travers leurs œuvres il connut Freud et le mit dans son Panthéon. Revu et corrigé par Breton et par un jeune écrivain en péril, Freud ressemblait à Spinoza : il arrachait les toiles d'araignées, les voiles, imposait la concorde aux ennemis qui se massacraient dans nos tunnels, dissolvait dans la lumière nos avortons furieux, nous réduisait à l'unité de puissants appétits. Mon ami l'essaya quelque temps, non sans quelque bonheur. De cette influence, on trouve les traces jusque dans « Antoine Bloyé », elle nous a valu cette phrase si belle : « Aussi longtemps que les hommes ne seront pas complets et libres, ils rêveront la nuit. » Antoine rêve : aux femmes qu'il n'a pas eues, pas même osé souhaiter. Au réveil il refuse d'entendre « cette voix si sage ». C'est que « le veilleur et le dormeur font rarement bon ménage ». Antoine est un vieil homme mais Nizan parle ici d'expérience, je le sais ; il rêvait, il rêva jusqu'au jour de sa mort : ses lettres de guerre sont remplies de ses songes.

Pourtant ce ne fut qu'une hypothèse de travail, qu'un moyen provisoire de s'unifier. Il adorait les passantes, pâles tournures effacées par la lumière, par les fumées de Paris, signes légers de l'amour ; mais il aimait surtout qu'elles lui fussent inaccessibles : ce jeune homme sage et littéraire s'enivrait de privations ; cela sert, dans les livres. Mais n'allons pas croire qu'il supportât malaisément la chasteté : une ou deux liaisons — brèves douleurs — et, le reste du temps, des jeunes filles nettes, glissantes qu'il effleurait. Trop heureux s'il n'eût trouvé en lui que le conflit de la chair et de la loi : il eût arbitré, condamné la loi : « Morale, c'est trou de balles », disait-il à vingt ans. En fait les tabous sont plus sournois, nos corps mêmes s'en font les complices : la mort ne se montrait pas, mais devant toutes les femmes sauf les vierges, son trouble s'accompagnait d'un fort dégoût. Plus tard, quand il eut son champ et ses hommes, il me vanta avec un émerveillement stupéfait, mais précis, la beauté de *tout* le corps féminin.

Sur le moment, je me demandai ce qui l'avait empêché de faire une découverte si générale au temps de ses ravageuses amours. Je le sais à présent : c'était le dégoût, une répugnance infantile pour les corps qu'il jugeait fatigués par d'anciennes caresses. Adolescents, quand nous regardions les femmes, je les voulais toutes, il n'en voulait qu'une et qui fût la sienne. Il ne concevait pas qu'on pût aimer si ce n'est dès l'aube et jusqu'à la nuit, ni qu'il pût y avoir possession quand on ne possédait pas la femme, quand elle ne vous possédait pas. Il pensait que l'homme est sédentaire, que les aventures sont comme les voyages : des abstractions ; mille et trois femmes sont mille et trois fois la même, il en souhaitait une seule qui fût mille et trois fois une autre ; il aimerait en elle, comme une promesse contre la mort, jusqu'aux signes secrets de la fécondité.

En d'autres mots, l'insatisfaction des sens fut un effet, non pas une cause. Marié, elle disparut : le Grand Désir rentra dans le rang, redevint un besoin parmi tant d'autres qu'on assouvit mal, trop vite ou pas du tout. De fait, Nizan ne souffrait de ses contradictions présentes que pour les déchiffrer à la lumière de l'avenir. S'il voulut se tuer, un jour, ce fut pour mettre fin tout de suite à ce qu'il croyait n'être qu'un recommencement. Dès l'enfance, la bigoterie bretonne le marqua ; trop ou trop peu pour son bonheur : la contradiction s'était installée sous son toit. C'était un enfant de vieux ; ces adversaires l'avaient engendré au cours d'une trêve ; quand il naquit, ils avaient requis leur querelle. Le père, ouvrier puis ingénieur des Chemins de fer, lui donnait l'exemple d'une pensée technique, incroyante, adulte et témoignait dans ses propos d'une fidélité triste à la classe qu'il avait quittée. Ce conflit muet d'une vieille bourgeoise enfantine et d'un ouvrier renégat, Nizan l'intériorisa dès la petite enfance, il en fit l'assise future de sa personne. Si petit soit-il, l'enfant d'une femme de ménage participe à l'avenir de sa famille : le père fait des projets. Les Nizan n'avaient pas d'avenir : le chef de dépôt se trouvait presque au sommet de sa carrière ; qu'attendait-il ? Un avancement qui lui était dû, quelques honneurs, la retraite et la mort ; Mme Nizan vivait, tout à la fois, dans l'instant capital où l'on fait « revenir » les oignons, où l'on « saisit » la côtelette et dans cet instant fixe qu'on nomme Eternité. L'enfant n'était pas loin de son point de départ, ni la famille de son point de chute : entraîné par cette retombée, il voulait apprendre, bâtir et tout se défaisait à vue, même la querelle conjugale : dehors, elle s'était changée en indifférence ; elle n'existait plus nulle part sauf en lui. Cet enfant entendait dans le silence leur dialogue : le babillage cérémonieux et futile de la Foi était parfois interrompu par une voix rude, qui donnait des noms aux plantes, aux pierres, aux outils. Ces deux voix se dévorèrent ; le discours dévot parut d'abord l'emporter : on parlait de Charité, de Paradis, de Fin Suprême et toute cette eschatologie contestait l'activité précise des techniciens : à quoi bon faire des locomotives ? Il n'y a pas de trains pour le ciel. L'ingénieur, dès qu'il le pouvait, quittait la maison ; entre cinq et dix ans, son fils le suivait dans les champs, lui prenait la main, courait à ses côtés ; à vingt-cinq ans, il se rappelait avec tendresse ces promenades d'hommes seuls, si visiblement dirigées contre la femme, contre la mère. Je remarque pourtant qu'il préféra aux Sciences la courtoisie fatiguée du Verbe. Un ouvrier devient ingénieur, souffre des lacunes de sa culture ; son fils prépare Polytechnique, c'est la règle. Mais Nizan montrait une répugnance suspecte pour les Mathématiques : il fit du grec et du latin. Beau-fils de polytechnicien, j'avais les mêmes dégoûts pour des motifs différents : nous aimâmes les mots imprécis et rituels, les mythes. Le père eut pourtant sa revanche : sous l'influence de son positivisme, mon ami voulut s'arracher aux verroteries de la Religion. J'ai dit les étapes de cette délivrance : l'emportement mystique — dernier sursaut — qui pensa le faire entrer dans les ordres, ses coquetteries avec Calvin, la métamorphose de son catharisme dévot en manichéisme politique, le royalisme, Marx enfin. Nous gardâmes longtemps, lui et moi, le vocabulaire chrétien : athées, nous ne doutions pas d'avoir été mis au monde pour y faire notre salut et, avec un peu de chance, celui des autres. Une seule différence : j'avais la certitude d'être élu ; Nizan se demandait souvent s'il n'était pas damné. Il tenait de sa mère et du catholicisme son radical mépris des œuvres mondaines, la crainte de s'égarer dans le siècle et ce goût — qui ne le quitta pas — de poursuivre une Fin absolue. On le persuada qu'il cachait en lui, sous l'embroussaillement des soucis quotidiens, une belle totalité blanche et sans défaut ; il fallait sarcler, arracher les herbes, incendier les brousses — et cette Eternité sans parties se manifesterait dans sa pureté. Ainsi jugeait-il, en ce temps, le métier de son père comme une agitation maniaque et vaine : on sacrifiait l'ordre des fins premières à celui des moyens, l'homme à la machine. Il cessa vite de croire aux blanches pilules de vie, aux âmes, mais il garda l'obscur sentiment que son père avait perdu la sienne.

Ces vieilles superstitions n'empêchent pas de vivre *à la condition qu'on ait la Foi*. Mais la technique, disqualifiée, se vengea en tordant le cou de la Religion. Nizan conserva ses insatisfactions, mais déracinées, en l'air : les activités séculières sont bouffonnes, mais si rien n'existe hors la terre et les bêtes humaines qui la grattent, il faut que les petits d'hommes prennent la relève et se mettent à gratter : car il n'y a pas d'autre occupation, à moins de falsifier les vieux mots chrétiens. Quand il me fit l'étrange proposition d'être surhomme, ce n'était pas tant l'orgueil qui le poussait qu'un obscur besoin d'échapper à notre condition. Hélas, il ne s'agissait que de changer de nom. Par la suite et jusqu'à son départ pour Aden, il n'arrêta pas de traîner son boulet ni de forger des symboles d'évasion.

Mais on ne comprendrait rien à son angoisse si l'on ne se rappelle ce que j'ai dit plus haut : il déchiffrait ce présent laborieux, désenchanté, troué par de brèves exaltations, à la lumière sinistre d'un avenir qui n'était autre que le passé de son père. « J'avais peur. Mon départ était un enfant de la peur. » Peur de quoi ? Il le dit ici même : « Des mutilations... nous attendent. Après tout, nous savons comment vivent nos parents. » Il a développé cette phrase dans un long et très beau roman : « Antoine Bloyé. » Il y raconte la vie et la mort de son père. Quant à lui, bien qu'il paraisse à peine, il parle sans cesse de lui-même : d'abord c'est le témoin de cette décrépitude ; et puis M. Nizan ne se confiait à personne : toutes les pensées, tous les sentiments qu'on lui prête, nous savons que l'auteur les arrache de soi pour les projeter dans ce vieux cœur déréglé. Cette présence double et constante est un signe de ce que les analystes nomment l'identification au père.

J'ai dit que Nizan, dans les premières années l'admira, envia cette force stérile mais visible, ces silences, ces mains qui avaient travaillé. M. Nizan parlait de ses anciens camarades : fasciné par ces hommes qui connaissaient la vérité de la vie et qui passaient pour s'aimer, le petit garçon voyait dans son père un ouvrier et souhaitait lui ressembler en tout ; il aurait sa patience terrestre, il ne faudrait rien de moins que l'obscure densité interne des choses, de la manière pour sauver le futur moine de sa mère, de M. le Curé, de ses propres bavardages. « Antoine, dit-il avec admiration, était un homme corporel, il n'avait pas une conscience assez pure pour qu'elle se désintéressât du corps qui la nourrissait et lui fournissait depuis tant d'années la preuve admirable de l'existence. »

Or, l'homme admirable chancela ; tout à coup l'enfant le vit se défaire, Nizan s'était donné à son père sans réserves : « Je serai comme lui. » Il dut assister à l'interminable décomposition de son propre avenir : « Ce sera moi. » Il vit sombrer la matière ; le babillage maternel triompha — et l'Esprit, cette écume après le naufrage. Que s'est-il passé ? Il le raconte dans « Antoine Bloyé » : pour des raisons que j'ignore, car Nizan, dans son livre, bien que suivant la vérité d'assez près a sûrement changé les circonstances, l'homme qui servit de modèle à Antoine, dès quarante ans, voulut faire le bilan. Tout avait commencé par cette fausse victoire, un passage de ligne, au temps où la bourgeoisie promet à tous « le grand avenir des chances égales », où chaque fils d'ouvrier a dans son cartable... un diplôme en blanc de bourgeois. Depuis l'âge de quinze ans, sa vie ressemblait déjà aux rapides qu'il devait plus tard conduire et « qu'emporte une force pleine de certitude et d'étouffement » : et puis, en 83, il sortit des Arts et Métiers, dix-huitième sur soixante-dix-sept. Un peu plus tard, à vingt-sept ans, il épouse Anne Guyader, la fille de son chef de dépôt. A partir de là : « toutes choses sont désormais réglées, établies. Il n'y a pas d'appel ». Il le sent au moment même où le curé les unit et puis il oublie ses inquiétudes : les années passent, le ménage traverse des villes différentes, emménage sans cesse, déménage, ne s'installe jamais ; le temps s'use et la vie reste provisoire ; pourtant chaque jour est, dans son abstraction, semblable à tous les autres. Antoine rêve sans trop de conviction que « quelque chose arrivera ». Rien n'arrive. Il se console : il donnera sa mesure dans de vrais combats ; mais pendant qu'il attend les grandes circonstances, ce sont les petites qui le frôlent et le fatiguent insensiblement, comme une salade. « Le vrai courage consiste à vaincre les petits ennemis. » Il s'élève, pourtant, irrésistiblement ; il connaît d'abord « la paix la plus sournoise », il écoute les sirènes bourgeoises : les faux devoirs qu'on lui donne — envers la

Compagnie, envers la Société, *même* envers ses anciens camarades — il sait puiser en eux ce que l'on pourrait nommer un minimum vital de bonne conscience. Cependant « le tas d'années monte » ; des désirs, des espoirs, des souvenirs de jeunesse s'enfoncent « dans cette ombre des pensées condamnées où sombrent les forces humaines ». La Compagnie mange ses agents : pendant quinze ans, il n'y a pas d'homme moins conscient de soi qu'Antoine Bloyé : il est mené par « les exigences, les idées, les jugements du travail » ; à peine parcourt-il les journaux : « les événements qu'ils racontent se déroulent dans une autre planète, ne le concernent pas ». Il lit avec passion dans les revues techniques « des descriptions de machines ». Il vit ou plutôt son corps imite les attitudes de la vie. Mais les ressorts de sa vie, les mobiles de son action ne sont pas en lui. En fait « des puissances compliquées l'empêchent d'être complètement posé sur la terre ». On pourrait lui appliquer, en changeant quelques mots, rien, ce que Nizan dit d'un riche Anglais d'Aden : « Chaque être est divisé entre les hommes qu'il peut être, il a laissé vaincre celui pour qui la vie consiste à faire monter ou descendre les cuirs abyssins... Combattre des êtres de raison, comme des firmes, des syndicats, des corporations de marchands : appelez-vous cela des actions ? » Certes Bloyé n'a pas tant de puissance, mais quoi ? Tout n'est-il pas abstrait dans son métier : projets, devis, paperasses, tout n'est-il pas *déjà* réglé ailleurs, fort loin, par d'autres ? Cet homme n'est plus qu'une succursale de sa Compagnie : ce *full employment* de lui-même le laisse à la fois vacant et disponible. Il dort peu, ne s'épargne pas, porte sur son dos des sacs, des poutrelles, quitte le dernier son bureau, mais, comme dit Nizan « tout son travail cache le désœuvrement essentiel ». Je le sais : j'ai vécu dix ans de ma vie sous la coupe d'un Polytechnicien : il se tuait à la tâche ou plutôt, quelque part, à Paris sans doute, la tâche avait décidé qu'elle le tuerait. C'était l'homme le plus futile : le dimanche il rentrait en soi, trouvait le désert et s'y égarait ; il tint bon, pourtant, sauvé par la somnolence ou par des colères de vanité. Quand on le mit à la retraite, c'était la guerre, heureusement : il lut les journaux, découpa des articles et les colla sur les pages d'un cahier. Au moins déclarait-il son jeu à vue : sa chair était abstraite. Pour le petit Bloyé, le scandale vint d'une insoutenable contradiction : Antoine avait un vrai corps, dur et capable, autrefois avide ; et ce corps imitait la vie : mobilisé par des abstractions lointaines, sabordant ses riches passions, il se changeait de lui-même en un être de raison : « Antoine était un homme qui avait un métier et un tempérament : c'était tout. C'est tout ce qu'est un homme dans le monde où vit Antoine Bloyé. Il y a des marchands nerveux, des ingénieurs sanguins, des ouvriers bilieux, des notaires coléreux : les gens disent ces choses-là et croient avoir travaillé à la définition d'un homme ; ils disent aussi, un chien noir, un chat tigré. Un médecin... lui avait dit : « Vous, vous êtes un nerveux sanguin. » Voilà, tout était dit. Tout le monde pouvait le manier comme une pièce au titre connu. Il circulait parmi d'autres pièces. »

L'enfant adorait son père : je ne sais s'il en eût remarqué par lui-même cette misère intérieure. Le malheur de Nizan, c'est que son père était mieux qu'un autre : après avoir négligé beaucoup d'avertissements, il s'avisa de ce qu'il était, trop tard, et prit en horreur sa vie ; cela veut dire qu'il vit sa mort et la détesta. Pendant près d'un demi-siècle, il s'était menti, il avait voulu se persuader qu'il pouvait encore « devenir quelqu'un de nouveau, quelqu'un d'étranger qui serait vraiment lui-même ». Il connut tout à coup l'impossibilité de se changer. Cette impossibilité, c'était la mort au cœur de la vie : la mort tire le trait, fait l'addition ; mais, pour le père de Nizan, le trait était déjà tiré, l'addition faite. Cet être schématique, à demi général partageait le lit d'une femme qui n'était pas plus que lui une personne singulière, mais plutôt un centre de diffusion pour les bonnes pensées qu'on fabrique à Rome et qui avait sans doute refoulé, comme lui, des besoins simples et voraces. Il dénonçait leur double échec à son fils apeuré. La nuit, il se levait : « Il emportait ses vêtements sur son bras et s'habillait au pied de l'escalier... Il sortait... Je suis en surnombre, se disait-il, je suis de trop, je ne sers à rien, je n'existe déjà plus, si je me laisse tomber à l'eau, personne ne s'en apercevrait, il y aurait simplement des faire-part. Je suis manqué, je suis fini... Il rentrait... il grelottait, il passait la main sur sa face et il sentait que sa barbe avait poussé pendant la nuit. Près de la maison sa femme et son fils éveillés le cherchaient, l'appelaient ; il entendait de loin leurs voix aiguës, mais il ne répondait pas, il les laissait jusqu'au dernier moment dans l'inquiétude, comme pour les punir. Ils craignaient qu'il ne se fût tué... Arrivé près d'eux, il leur disait avec une colère étouffée : « Je n'ai donc plus le droit de faire ce qu'il me plaît... ? » Il remontait dans sa chambre sans s'occuper d'eux. »

Ces fugues nocturnes ne sont pas une invention de romancier : Nizan m'a parlé de son père et je sais que tout est vrai. La méditation de la mort pousse au suicide : par vertige, par impatience. Je demande qu'on imagine les sentiments d'un adolescent que sa mère éveille la nuit en disant : « Ton père n'est pas dans sa chambre ; cette fois, je suis sûre qu'il va se tuer. » La mort entre en lui, s'installe au carrefour de toutes ses routes, c'est la fin et c'est le commencement : mort d'avance, son père veut devancer l'appel ; c'est le sens et la conclusion d'une vie volée. Mais cette vie paternelle occupait Nizan comme une puissance étrangère ; la mort qui devait conclure, son père l'en infesta. Quand ce vieux désenchanté — les médecins disaient : neurasthénique — s'enfuyait de la maison sous l'aiguillon de la peur, son fils craignait deux morts en une : la première, dans son imminence, présageait l'autre, lui donnait sa figure d'épouvante. Le père hurlait à la mort et l'enfant mourait de peur chaque nuit. Dans ce retour au néant d'une vie qui fut néant, l'enfant crut voir son destin ; « toutes choses sont désormais réglées, établies, il n'y a pas d'appel » : il serait ce jeune homme superflu, puis cette carcasse et plus rien. Il s'était identifié à la forte maturité d'un autre ; et quand l'autre montra ses plaies, mon ami s'aliéna à cette mortelle misère. Les vagabondages indécents de l'ingénieur se multiplièrent quand Nizan entrait dans sa quinzième année ; or, entre quinze et seize ans, l'adolescent prit une assurance sur la vie éternelle : dans un dernier effort, il demandait à l'Eglise de lui donner l'immortalité. Trop tard : quand la foi s'est perdue, le dégoût du siècle ne suffit pas à la rendre. Il vécut son aliénation : il se crut un autre, déchiffra chaque minute à la lumière d'une autre existence. Partout il retrouvait les pièges qu'on avait tendus à son père : des gens affables et trompeurs le circonvenaient par des flatteries ou par de fausses victoires : lauriers scolaires, menus cadeaux, invitations. Le fils de l'ingénieur ferait partie du corps enseignant. Après ? Les professeurs, comme les chefs de dépôt, emménagent et déménagent, traversent les villes en courant, prennent femme dans la petite-bourgeoisie de province et se rangent, par intérêt, par faiblesse du côté de leurs maîtres. Sont-ils moins divisés que les techniciens ? Et qu'est-ce qui vaut le mieux ? Faire des locomotives pour servir quelques hauts seigneurs et l'Etat bourgeois ou donner aux enfants l'avant-goût de la mort par l'enseignement des langues mortes, d'une histoire truquée, d'une morale menteuse ? Les universitaires montrent-ils plus d'indulgence « à leurs grandes douleurs, aux aventures enroulées dans les crevasses de leur corps » ? Tous ces petits-bourgeois sont de même espèce : on leur impose une imbécile dignité, ils se châtrent, les fins réelles de leur travail leur échappent, ils se réveillent à cinquante ans pour se voir mourir.

J'avais cru, dès seize ans, que nous étions unis par le même désir d'écrire ; je me trompais. Chasseur maladroit, les mots m'éblouissaient parce que je les manquais toujours ; Nizan plus précoce, en avait une pleine gibecière. Il en découvrait partout, dans les dictionnaires, dans les livres et même en liberté, sur des lèvres. J'admirais son vocabulaire et comme il plaçait avec aisance, dans ses premières ébauches, les termes qu'il venait d'acquérir — entre autres, bimétallisme et percolateur. Mais il était loin de s'engager tout entier dans la littérature : moi, j'étais dedans : la découverte d'un adjectif me ravissait : lui, il écrivait mieux et se regardait écrire : avec les yeux mornes de son père. Les mots crevaient ou se changeaient en feuilles mortes : est-ce qu'on se justifie par des mots ? Sous les feux de la mort, la littérature devenait un jeu de société, une variante du Kanasta : un professeur écrit, c'est bien naturel ; on l'y encourage ; les mêmes pièges serviront pour l'ingénieur et pour l'écrivain : flatteries, tentations. A quarante ans, tous ces valets seront carcasses ; les honneurs ont caché Valéry : il vit des princes, des reines, des industriels puissants : il dîne à leur table ; c'est qu'il travaille pour eux : la magnification du Verbe profite directement aux grands de ce monde ; on enseigne aux hommes à prendre le mot pour la chose, c'est moins onéreux. Nizan comprenait cela : il craignait de perdre sa vie en rassemblant des souffles de voix.

Il se mit à *répéter* les sombres folies de son père : il recommençait ses courses nocturnes, ses fuites. Il marchait à travers les rues et soudain « il éprouvait qu'il devait mourir (et) et se séparait d'un coup de tous les passants... Il connaissait cette chose d'un seul mouvement de connaissance, d'un savoir particulier et parfait ». Ce n'était pas une idée mais une « angoisse parfaitement nue... dédaigneuse de toutes les formes ». Il croyait alors jouir d'une intuition fondamentale et matérielle, apprendre l'unité sans parties de son corps par l'unité de sa négation radicale. Je pense qu'il n'en était rien : nous n'avons pas même cela, pas même cette communication sans intermédiaires avec notre néant. En fait un choc avait réveillé sa vieille douleur apprise : en lui, la vie du père fuyait, l'œil de la *mort autre* se rouvrait, décolorant ses modestes plaisirs : la rue devenait un enfer.

Dans ces moments-là, il nous détestait : « Les amis rencontrés, les femmes aperçues étaient des complices de la vie, tiraient des traites sur le temps. » Il n'eût pas même songé à nous demander secours : nous étions inconscients, nous ne l'eussions pas même compris : « qui de ces fous l'aimait assez habilement pour le protéger de la mort ». Il fuyait les visages rapaces, bouches humeuses, narines goulues, et nos yeux toujours futurs. Disparu. Trois jours de suicide, la gueule de bois pour finir : il *reproduisait* les crises nocturnes du père ; elles s'amplifiaient, s'achevaient sur la boisson, par des paroles encore : je pense qu'il forçait sur le tragique, faute d'atteindre à la sincérité parfaite et sinistre d'un quinquagénaire. N'importe : son angoisse ne mentait pas ; et si l'on veut connaître la vérité la plus profonde et la plus singulière, je dirai que c'était *cela* et rien d'autre : l'agonie d'un vieillard rongeant la vie d'un très jeune homme.

Il avait du feu, de la passion et puis cet implacable regard glaçait tout ; Nizan, pour se juger au jour le jour s'était placé de l'autre côté de sa tombe. En fait, il tournait en rond : il y avait, bien sûr, la hâte et la terreur d'arriver au bout, ce temps qui s'usait, le « tas des années », ces traquenards qu'il évitait de justesse, cette chasse à l'homme dont il ne comprenait pas tout à fait le sens ; mais il y avait aussi, malgré tout, ses muscles, son sang : comment empêcher un jeune bourgeois bien nourri de faire confiance à l'avenir. Il lui arrivait d'avoir un enthousiasme sombre, mais sa propre exaltation lui faisait peur, engendrait sa méfiance : si c'était un piège, un des mensonges qu'on se fait pour étouffer l'angoisse, la souffrance ? Il n'aimait en lui que sa révolte : elle prouvait qu'il résistait encore, qu'il n'était pas encore engagé sur ces rails qui conduisent aux voies de garage, irrésistiblement. Mais, quand il y pensait, il craignait qu'elle ne faiblît : ils ont jeté sur moi tant de couvertures, ils ont failli m'avoir, ils recommenceront. Si j'allais m'habituer, tout doucement, à la condition qu'ils me préparent. Aux environs de 1925-26, ce fut sa folle terreur : l'accoutumance. « Tant de liens à rompre, de timidités secrètes à vaincre, de petits combats à livrer... On redoute d'être... d'une singularité insoutenable, de ne plus être pareil à n'importe qui... le faux courage attend les grandes occasions ; le courage véritable consiste chaque jour à vaincre les petits ennemis. » Arriverait-il à les vaincre, ces rongeurs ; tous ces liens — chaque jour plus nombreux — serait-il, dans cinq ou dix ans, capable encore de les briser ? Il vivait en pays ennemi, entouré par les signes familiers de l'aliénation universelle : « Essayez donc d'oublier vos souvenirs civiques et filiaux dans vos arrondissements et vos préfectures. » Tout l'invitait au sommeil, à l'abandon, à la résignation : il en était à dénombrer ses abdications : « les vieilles habitudes terribles ». Il avait peur aussi de cet alibi cher aux hommes de culture : le vain bruit, dans sa tête, de mots précieux et déchirés. De fait, la méditation de la mort a d'autres conséquences, plus graves que ces conversations intermittentes : elle désenchante. Je courais après des étincelles qui n'étaient pour lui que des cendres. Il écrivait : « Je vous dis que tous les hommes s'ennuient. » Or le plus grand méfait de l'ennui, « cet avertissement continu de la mort », c'est d'engendrer un sous-produit pour âmes sensibles : la vie intérieure. Nizan craignait que ses dégoûts très réels ne finissent par lui donner une subjectivité trop exquise et de bercer ses griefs au ronronnement « des pensées vaines et des idées qui n'en sont pas ». Ces rejetons avortés de notre impuissance nous détournent de regarder nos plaies, nos hémorragies. Il faut ne jamais dormir. Mais Nizan, les yeux grands ouverts, sentait la montée du sommeil.

Pour les fils de bourgeois, je dirai cette révolte exemplaire, parce qu'elle n'a pas la faim pour cause directe, ni l'exploitation. Nizan voit toutes les vies à travers le froid carreau de la mort : elles deviennent à ses yeux des bilans ; son aliénation fondamentale, c'est son flair : il débusque toute espèce d'aliénation. Quelle gravité quand il nous interroge en présence de notre mort, comme un croyant : « Qu'as-tu fait de ta jeunesse ? » Quel désir profond et sincère de replier l'éparpillement de chacun, de contenir nos désordres dans l'unité synthétique d'une forme : « L'homme ne sera-t-il toujours qu'un fragment d'homme, aliéné, mutilé, étranger à lui-même ; que de parties en friche... que de choses avortées ! »

Ces revendications d'un « sous-homme » forment l'esquisse au creux de l'homme qu'il voulait être. Il a mis de côté ses élans mystiques, ses goûts aventureux, ses châteaux de paroles. L'image inaccessible reste simple et familière : l'homme, ce serait un corps harmonieux et libre. Il existe une sagesse corporelle — toujours étouffée, toujours présente depuis Adam ; « dans la partie la plus obscure de l'être se cachent nos plus authentiques besoins ». Il ne s'agit plus d'amour fou ni d'entreprises qui dépassent nos pouvoirs : l'homme est sédentaire, il aime la terre, parce qu'il peut la toucher ; il se plaît à produire sa vie. Le grand désir n'était qu'une vaine parole : restent *les* désirs, modestes mais concrets et qui s'équilibrent ; Nizan avait de l'amitié pour Epicure dont, plus tard, il parla fort bien : celui-là s'adressait à tous, aux putains comme aux esclaves et ne leur mentait point.

On pensera sans doute à Rousseau et l'on n'aura pas

tort : Nizan, cet homme des villes, conservait, par fidélité à son enfance, une sorte de naturalisme agreste. On se demandera aussi comment ce bon sauvage aurait pu s'adapter aux nécessités de la production socialiste et du nomadisme interplanétaire. Il est vrai : on ne retrouvera pas la liberté perdue à moins de l'inventer ; défense de se retourner, fût-ce pour prendre la mesure de nos besoins « authentiques ».

Mais laissons l'épicurisme et Rousseau : ce serait pousser à l'extrême des indications fuyantes et rapides. Nizan a commencé par l'individualisme, comme tous les petits-bourgeois de son époque : il voulait être *soi* et le monde entier le séparait de lui-même ; contre les êtres de raison, contre les entités symboliques qu'on voulait glisser dans son cœur, dans ses muscles, il défendait sa vie particulière. Il n'a jamais perdu sa peine à décrire la plénitude des instants ou des passions : elle n'existe pas. C'est elle qu'on nous vole. Mais il a dit que l'amour était vrai et qu'on nous empêchait d'aimer ; que la vie pouvait être vraie, qu'elle pouvait enfanter une vraie mort, mais qu'on nous faisait mourir avant même que d'être nés. Dans ce monde à l'envers, où la défaite finale est la vérité d'une vie, il a montré que nous avions souvent des « rencontres avec la mort » et que, chaque fois, des signes brouillés réveillaient « nos plus authentiques besoins » : Antoine et Anne Bloyé ont une petite fille ; elle est condamnée, ils le savent ; la douleur rapproche ces personnages abstraits qui vivaient dans la solitude au cœur de leur promiscuité. Pour peu de temps : jamais la singularité d'un accident ne pourra sauver les individus.

Dès quinze ans, il avait compris l'essentiel : cela tenait à la nature de son mal. Certaines aliénations, en effet, sont d'autant plus redoutables qu'elles prennent pour couverture un sentiment abstrait de notre liberté. Mais Nizan ne s'est jamais senti libre : il y avait eu *possession* ; « le malheur maladroit » de son père l'occupait comme une puissance étrangère, s'imposait, détruisait ses plaisirs, ses élans, gouvernait par *diktat* ; et ce destin de misère, on ne pouvait même pas dire que l'ancien ouvrier l'eût produit ; il venait de tous les horizons, de toute la France, de Paris. Nizan avait essayé quelque temps — à l'époque du mysticisme, de R'hâ et de Bor'hou, de lutter seul et par des mots, par des élévations contre ses dégoûts, contre ses discordes. Mais non : les tissus de l'homme social nous écrasent. Spinoza vint à son secours : il faut agir sur les causes. Mais si les causes ne sont pas dans nos mains ? Il déchiffra son expérience : « Quel homme sait triompher de sa division ? Il n'en triomphera pas tout seul, car les causes de sa division ne sont pas en lui. » C'est le moment de dire un adieu méprisant aux exercices spirituels : « J'avais l'impression que la vie humaine se découvre par révélation : quelle mystique ! » L'évidence, c'est qu'il faut se battre et qu'on ne peut rien faire par soi seul. Puisque tout vient d'ailleurs, même les contradictions intimes qui ont produit les traits les plus singuliers de son caractère, c'est ailleurs et partout que la bataille sera livrée. D'autres lutteront pour lui *là-bas* : *ici*, Nizan luttera pour d'autres : il ne s'agit pour l'instant que de voir clair, que de reconnaître ses frères d'ombre.

Dès la deuxième année, à l'Ecole, il s'était rapproché des communistes : bref, il avait conclu. Mais les décisions se prennent dans la nuit et nous luttons longtemps, sans la reconnaître, contre notre propre volonté. Il a fallu frapper à toutes les portes, essayer tout, faire l'expérience de solutions qu'il avait depuis longtemps rejetées. Il voulait, je crois, connaître les biens de ce monde avant de faire le vœu de pauvreté. Il partit pour enterrer sa vie de garçon. Et puis la peur montait : il fallait rompre. Aden fut sa dernière tentation, son dernier essai pour trouver une issue individuelle. Sa dernière fugue aussi : l'Arabie l'attirait, comme la Seine avait, certains soirs, attiré son père. N'a-t-il pas écrit plus tard, d'Antoine Bloyé, qu'il « aurait voulu abandonner cette existence... pour devenir quelqu'un de nouveau, quelqu'un d'étranger, qui serait vraiment lui-même. Il s'imaginait... perdu, comme un homme qui n'a pas laissé d'adresse et qui fait des choses et qui respire ». Il fallait nous fuir et se fuir.

Nous le perdîmes, il ne se quitta pas. Il fut rongé par une abstraction nouvelle : courir le monde, courir les femmes, c'est ne rien tenir. Aden est un comprimé d'Europe, chauffé à blanc. Nizan fit un jour ce que son père — encore vivant — n'osa jamais : il prit une auto et partit sur la route sans casque, à midi. On le retrouva dans un fossé, évanoui mais sauf. Ce suicide liquida quelques vieilles terreurs. Ranimé, il regarda autour de lui et vit : « L'état le plus nu, l'état économique. » Les colonies dénoncent un régime qui, dans les métropoles s'entoure de nuées. Il revint : il avait compris les causes de notre servitude ; la terreur, en lui, devint une force d'agression : ce fut la haine. Il ne se battait plus contre des infiltrations sournoises, anonymes, il avait vu la nudité de l'exploitation, de l'oppression et compris que ses adversaires avaient des noms, des visages, que c'étaient des hommes. Malheureux, sans doute, et aliénés, comme son père et comme lui-même. Mais « défendant et conservant leur malheur et ses causes, avec ruse, avec violence, avec obstination et sagesse ». La nuit de son retour, lorsqu'il vint frapper à ma porte, il savait qu'il avait tout essayé, qu'il était le dos au mur, que les issues sont toutes de fausses fenêtres sauf une : la guerre. Il revenait au milieu de ses ennemis pour se battre : « Il ne faut plus craindre de haïr. Il ne faut plus rougir d'être fanatique. Je leur dois du mal : ils ont failli me perdre. »

Fini : il trouva sa communauté, s'y fit recevoir ; elle le protégea contre eux. Mais puisque je le présente aux jeunes lecteurs d'aujourd'hui, il faut que je réponde à la question qu'ils ne manqueront pas de poser : trouva-t-il enfin ce qu'il cherchait ? A cet écorché vif, qui souffrait jusqu'aux moelles du mal de mourir, qu'est-ce que le Parti pouvait donner ? Il faut nous le demander avec scrupule : je raconte une existence exemplaire, ce qui est tout le contraire d'une vie édifiante. Nizan fit peau neuve et pourtant le vieil homme — le vieux jeune homme — demeura. De 29 à 39, je l'ai moins vu, mais je peux donner le sens de ces rencontres plus brèves d'autant plus vivaces. Je crois comprendre qu'on choisit aujourd'hui la famille contre la politique. Nizan avait choisi l'une et l'autre, d'un même coup. Enée s'était lassé de porter si longtemps le vieil et morne Anchise : d'un coup d'épaule, il le fit choir les quatre fers en l'air : il fut mari et père précipitamment, pour tuer son père. Mais la paternité, seule, ne guérit pas assez de l'enfance ; au contraire : l'autorité du nouveau chef de famille le condamne à répéter les enfantillages millénaires qu'Adam nous a légués à travers nos parents. Mon ami connaissait la musique : au père de père en fils assassiné, de père en fils recommencé, il voulut donner le coup de grâce : il deviendrait *un autre* et se garderait des caprices familiaux par une discipline publique. Voyons s'il y parvint.

La doctrine le combla. Il détestait les conciliations et, plus que tous les autres conciliateurs, Leibniz, leur Grand Maître ; contraint par le programme d'étudier le Discours de Métaphysique, il se vengeait en dessinant avec talent la déroute de ce philosophe coiffé d'un chapeau tyrolien, la fesse droite marquée par la semelle de Spinoza. De l'Ethique au Capital, par contre, le passage fut aisé. Nizan fit du marxisme une seconde nature ou, si l'on préfère, une Raison. Ses yeux furent marxistes ; et ses oreilles. Et sa tête. Il s'expliquait enfin son incompréhensible misère, ses lacunes, son angoisse : Il voyait le monde et s'y voyait. Mais surtout la doctrine — tout en légitimant ses haines — réconciliait en lui les discours contraires de ses parents. La rigueur des techniques, l'exactitude des sciences, la patience de la raison, tout était conservé. Mais on dépassait, du même coup, la mesquinerie du positivisme, son absurde refus de « connaître par les causes » ; on laissait aux ingénieurs le triste monde des moyens et des moyens de moyens. Au jeune homme inquiet qui voulait sauver son âme, on proposait des fins absolues : accoucher l'histoire, faire la révolution, préparer l'Homme et son règne. On ne parlait pas de salut ni d'immortalité personnelle, mais on accordait de survivre, anonyme ou glorieux, au sein d'une entreprise commune qui ne finirait qu'avec l'espèce. Il mit tout dans le marxisme : la physique et la métaphysique, la passion d'agir et celle de récupérer ses actes, son cynisme et ses rêves eschatologiques. L'homme fut son avenir : mais c'était le moment de tailler, d'autres se chargeraient de recoudre ; il avait l'allègre plaisir de mettre tout en pièces pour le bien de l'humanité.

Il ne fut pas jusqu'aux mots qui soudain ne se lestèrent : il s'en méfiait parce qu'ils servaient de mauvais maîtres, tout changea quand il put les tourner contre l'ennemi. Il utilisa leur ambiguïté pour égarer, leurs charmes incertains pour séduire. Gagée par le parti, la littérature pouvait même devenir bavardage, l'écrivain, comme le sage antique, ferait, s'il voulait, trois fois la culbute : tous les mots sont aux ennemis de l'homme, la Révolution donnait permission de les voler, rien de plus. Cela suffit : Nizan maraudait depuis dix ans et produisit d'un coup la somme de ses larcins : le vocabulaire. Il comprenait son rôle d'écrivain communiste et qu'il revenait au même pour lui, de déconsidérer les ennemis de l'homme ou leur langage. Tout était permis : la jungle. Le Verbe des maîtres est mensonge : on démontrera les sophismes et, tout aussi bien, on inventera des sophismes contre eux, on leur mentira. On ira jusqu'à bouffonner : c'est prouver en parlant que la parole du Maître bouffonne. Aujourd'hui, ces jeux sont devenus suspects : l'Est édifie ; il a donné à nos provinces un nouveau respect pour les « bibelots d'inanité sonore ». J'ai dit que nous étions sérieux : pris entre deux fausses monnaies dont l'une vient d'Orient, l'autre d'Occident. En 1930, il n'y en avait qu'une et la Révolution, chez nous, n'en était qu'à détruire : l'intellectuel avait mission de brouiller les paroles et d'emmêler les fils de l'idéologie bourgeoise ; des francs-tireurs mettaient le feu aux brousses, des secteurs linguistiques tombaient en cendres. Nizan fit rarement le bouffon, donna fort peu dans les escamotages ; il mentait, comme tout le monde en cet âge d'or, quand il était bien sûr qu'on ne le croirait pas : la calomnie venait de naître, preste et gaie ; elle touchait à la poésie. Mais ces pratiques le rassurèrent : on sait qu'il voulait écrire : contre la mort, et que la mort avait changé sous sa plume les vocables en feuilles mortes ; il avait eu peur d'être dupe, de perdre sa vie à jouer avec du vent. On lui disait, à présent, qu'il ne s'était pas trompé, que la littérature est une arme entre les mains de nos maîtres, mais on lui donnait une mission nouvelle : en période négative, un livre peut être un acte si l'écrivain révolutionnaire s'applique à déconditionner le langage. Tout lui fut permis, même de se faire un style : ce serait, pour les méchants, la dorure d'une pilule amère ; pour les bons, un appel à la vigilance : quand la mer chante, n'allez pas y sauter. Nizan étudia la forme négative : sa haine était perlière ; Nizan prit les perles et nous les jeta, tout réjoui qu'il dût servir les fins communes pour une œuvre si personnelle. Sa lutte contre les dangers précis qui menacent un jeune bourgeois, sans changer d'objectif immédiat, devint un office : il parlait de fureur impuissante et de haine, il écrivit de la Révolution.

L'écrivain, donc, c'est le Parti qui l'a fait. Mais l'homme ? Avait-il enfin « son champ » ? Sa plénitude ? Etait-il heureux ? Je ne le crois pas. Les mêmes raisons nous ôtent le bonjour et nous rendent pour toujours incapables d'en jouir. Et puis la doctrine était claire, rejoignait son expérience personnelle : liées aux structures présentes de la société, ses aliénations disparaîtraient avec la classe bourgeoise ; or il ne croyait pas qu'il verrait de son vivant le socialisme ni, l'eût-il entrevu dans les derniers jours de sa vie, que cette métamorphose du monde eût le temps de transformer aussi les vieilles habitudes d'un mourant. Pourtant il avait changé : jamais il ne retrouva ses désolations anciennes ; jamais plus il ne craignit de laisser perdre sa vie. Il eut une violence tonique, des joies : il accepta de bon cœur de n'être que *l'homme négatif,* que l'écrivain de la démoralisation, de la démystification. Y avait-il de quoi satisfaire cet enfant si grave qu'il n'avait cessé d'être ? En un sens, oui. Avant d'entrer au Parti, il se cramponnait à ses refus : puisqu'il ne pouvait pas être vrai, il serait vide, il tirerait son unique valeur de son insatisfaction, de ses désirs frustrés. Mais sentant poindre l'engourdissement, il avait la terreur de lâcher prise et de sombrer, un jour, dans le consentement. Communiste, il consolida ses résistances : il n'avait, jusque-là, cessé de craindre ce chancre : l'homme social. Le Parti le socialisa sans larmes : son être collectif ne fut rien d'autre que sa personne individuelle ; il suffit de *consacrer* les remous qui l'agitaient. Il se jugeait un monstrueux avorton ; on le hissa sur l'estrade, il montra ses plaies, disant : « Voilà ce que les bourgeois ont fait à leurs propres enfants. » Il avait tourné contre lui sa violence : il en fit des bombes qu'il jeta contre les palais de l'industrie. Ces bâtisses ne furent pas endommagées, mais

Nizan fut délivré : il contrôlait sa hargne sacrée, mais ne l'éprouvait pas plus qu'un fort chanteur n'entend sa voix ; ce mauvais sujet se fit objet terrible.

Il ne se délivra pas si facilement de la mort ou plutôt de l'ombre qu'elle projetait sur sa vie. Mais cet adolescent rongé par une angoisse étrangère gagna, lorsqu'il fut homme, le droit de mourir pour son compte. Le marxisme lui découvrit le secret de son père : la solitude d'Antoine Bloyé venait de la trahison. Cet ouvrier embourgeoisé pensait sans cesse « aux compagnons qu'il avait eus aux chantiers de la Loire et dans le corps de garde des Dépôts, qui étaient du côté des serviteurs, du côté de la vie sans espoir. Il disait... une parole qu'il s'efforcerait d'oublier, qui ne disparaîtrait que pour reparaître aux temps de sa déchéance, à la veille de sa propre mort : « Je suis donc un traître. » Et il l'était. » Il avait passé la ligne et trahi sa classe pour se retrouver, simple molécule, dans le monde moléculaire des petits-bourgeois. Il sentit son délaissement cent fois, un jour surtout, pendant une grève, en voyant le défilé des manifestants : « Ces hommes sans importance emportaient loin de lui la force, l'amitié, l'espoir dont il était exclu. Ce soir-là, Antoine pensait qu'il était un homme de la solitude. Un homme sans communion. La vérité de la vie était du côté de ceux qui n'avaient pas « réussi ». Ceux-là ne sont pas seuls, pensa-t-il. Ils savent où ils vont. »

Ce transfuge s'était désagrégé, il tourbillonnait, à présent, dans la pulvérulence bourgeoise. Il connaissait l'aliénation, le malheur des riches pour s'être fait complice de ceux qui exploitaient les pauvres. Cette communion des « hommes sans importance », c'eût été une arme contre la mort. Avec eux, il eût connu la plénitude du malheur et de l'amitié. Sans eux, il restait à découvert : défunt par avance, un même coup de faux avait tranché ses liens humains et sa vie.

M. Nizan fut-il vraiment ce déserteur éploré ? Je n'en sais rien. En tout cas son fils le voyait tel : Nizan découvrit ou crut découvrir la raison des mille résistances menues qu'il opposait à son père : il aimait en lui l'homme, il détestait la trahison. Les marxistes bien intentionnés qui se sont penchés sur le cas de mon ami et l'ont expliqué par l'obsession de trahir, je les prie de relire ses œuvres avec les yeux ouverts, s'ils le peuvent encore, et de ne pas se refuser à l'éclatante vérité. Il est vrai : ce fils de traître parle souvent de trahison ; il écrit dans Aden : « J'aurais pu être un traître, j'aurais pu étouffer. » Et dans « Les Chiens de Garde » : « Si nous trahissons la bourgeoisie pour les hommes, ne rougissons pas d'avouer que nous sommes des traîtres. » Traître aux hommes, Antoine Bloyé ; traître encore, dans la « Conspiration », le triste Pluvinage, fils d'un flic, et flic lui-même. Et qu'est-ce donc qu'il veut dire, ce mot si souvent répété ? Que Nizan se vendait à Daladier ? Quand ils parlent des autres, les bien-pensants de notre Gauche ont d'ignobles effarouchements ; je ne sais rien de plus puéril et de plus sale si ce n'est les femmes « honnêtes » quand elles ragotent sur une femme libre. Nizan voulait écrire, il voulait vivre : qu'avait-il besoin de trente malheureux deniers touchés sur les fonds secrets ? Mais, fils d'un ouvrier devenu bourgeois, il se demandait ce qu'il pouvait bien être : bourgeois ou ouvrier ? Son principal souci fut sans aucun doute cette guerre civile en lui ; traître au prolétariat, M. Nizan avait fait de son fils un bourgeois traître ; ce bourgeois malgré lui passerait la ligne en sens inverse : mais cela n'est pas si facile ; quand les intellectuels communistes veulent rire, ils se disent prolétaires : « Nous faisons du travail manuel en chambre. » Des dentellières, en quelque sorte. Nizan, plus lucide et plus exigeant, voyait en eux, en lui-même, des petits-bourgeois qui avaient pris parti pour le peuple. Entre un romancier marxiste et un ouvrier spécialisé, le fossé n'est pas comblé : d'un bord à l'autre, on échange des risettes, mais si l'auteur fait un seul pas, il tombe dans le trou. Passe encore quand il s'agit d'un bourgeois, fils et petit-fils de bourgeois : contre la naissance les bons sentiments ne font rien. Mais Nizan ? Il était proche par le sang de ses nouveaux alliés : il se rappelait son grand-père qui « restait du côté des serviteurs de la vie sans espoir » ; il avait grandi comme les enfants de cheminots dans les paysages de fer et de fumée ; pourtant, un diplôme des quat'zarts avait suffi pour plonger son enfance dans la solitude, pour imposer à la famille entière une métamorphose irréversible. Jamais il ne repassa la ligne : il trahit la bourgeoisie sans rejoindre l'armée ennemie et dut rester comme « Le Pèlerin », un pied de chaque côté de la frontière ; il fut jusqu'au bout l'ami, mais il n'obtint jamais d'être le frère de « ceux qui n'ont pas réussi ». Ce ne fut la faute de personne sauf des bourgeois qui avaient embourgeoisé son père. Cette discrète absence, ce vide le gêna toujours un peu : il avait entendu les sirènes bourgeoises ; scrupuleux, il resta dans l'inquiétude : faute de participer à la « communion des serviteurs, de ceux qui vivent sans espoir, jamais il ne se jugea suffisamment protégé contre les tentations, contre la mort ; il connut les camaraderies de militants, sans échapper à la solitude, héritage d'une trahison.

Sa vie ne lui serait pas volée ; délivré d'une mort étrangère, il vit sa mort : ce ne serait pas celle d'un chef de dépôt. Mais cet homme négatif, privé de la plus humble plénitude, connut qu'il essuierait pour finir une irréparable défaite. Après lui, rien n'aurait eu lieu que la disparition d'un refus. Trépas fort hégélien en somme : ce serait la négation d'une négation. Je doute que Nizan ait tiré de cette vue philosophique la moindre des consolations. Il fit un long voyage en U. R. S. S. En partant, il m'avait dit son espoir : Là-bas, peut-être, ces hommes étaient immortels. L'abolition des classes comblait tous les fossés. Unis par une entreprise à long terme, les travailleurs se changeaient par la mort en d'autres travailleurs, ceux-là en d'autres encore et les générations se succéderaient, toujours autres et toujours la même.

Il revint. Son amitié pour moi n'excluait pas tout à fait le zèle de propagandiste : il me fit savoir que la réalité passait toutes les espérances. Sauf sur un point : la Révolution délivrait les hommes de la cainte de vivre, elle n'ôtait pas celle de mourir. Il avait interrogé les meilleurs : ils avaient tous répondu qu'ils pensaient à la mort et que leur zèle pour le travail commun ne les sauvait pas de cet obscur désastre personnel. Désabusé, Nizan renonça pour toujours au vieux rêve spinoziste : il ne connaîtrait jamais cette plénitude affirmative du monde fini qui, du même coup, brise ses limites et retourne à l'infinie substance. Au cœur de l'engagement collectif, il conserverait la singularité de son inquiétude. Il voulut ne plus penser à lui, il y parvint, il n'eut d'attention que pour les nécessités objectives : il demeurait pourtant par ce creux néant indissoluble, par cette bulle de vide, en lui, le plus fragile et le « plus irremplaçable » des êtres. Individualisé malgré lui, quelques phrases éparpillées montrent qu'il finit par choisir la solution la plus individuelle : « Il faut beaucoup de forces et de créations pour échapper au néant... Antoine comprenait enfin qu'il n'aurait pu être sauvé que par des créations qu'il aurait faites, par des exercices de sa puissance. » Nizan n'était pas ingénieur. Ni politique. Il écrivait ; l'exercice de sa puissance ne pouvait être qu'un exercice de style. Il mit sa confiance en ses livres : il survivait par eux. Au cours de cette existence disciplinée, chaque jour plus militante, la mort mit son cancer d'anarchie. Cela dura, vaille que vaille, dix ans. Il se dévoua à son parti, vécut dans l'insatisfaction, écrivit passionnément. De Moscou vint une bourrasque — les procès — qui le secoua sans le déraciner. Il tint bon. N'importe : ce révolutionnaire manquait d'aveuglement. Son mérite et sa faiblesse furent de demander tout *à l'instant,* comme font les jeunes gens. Cet homme de la négation ne connut pas la démission des consentements. Sur les procès il se tut : voilà tout.

Je le tenais pour le communiste parfait, c'était commode : il devint à mes yeux le porte-parole du Bureau Politique. Je pris ses humeurs, ses illusions, ses frivolités, ses passions pour des attitudes concertées en haut lieu. En juillet 39, à Marseille, où je le rencontrai par hasard et pour la dernière fois, il était gai : il allait s'embarquer pour la Corse ; je lus dans ses yeux la gaieté du Parti ; il parla de la guerre, il pensait que nous y échapperions : la traduction se fit à l'instant dans ma tête : « Le Bureau Politique est très optimiste, son porte-parole déclare que les négociations avec l'U.R.S.S. vont aboutir. Avant l'automne, dit-il, les nazis seront à genoux. »

Septembre m'enseigna qu'il était prudent de dissocier les opinions de mon ami et les décisions de Staline. J'en fus surpris. Vexé : apolitique, réfractaire à tout engagement, j'avais le cœur à gauche, bien sûr, comme chacun ; la rapide carrière de Nizan m'avait flatté, donné à mes propres yeux je ne sais quelle importance révolutionnaire ; notre amitié avait été si précieuse et l'on nous prenait encore si souvent l'un pour l'autre que c'était moi tout aussi bien qui écrivais dans « Ce Soir » les leaders de politique étrangère — et j'en connaissais un bout ! Si Nizan ne savait rien, quelle déchéance : nous redevenions, lui et moi, de pauvres cloches. De la piétaille en un mot. A moins qu'il ne m'eût délibérément trompé. Cette conjecture m'amusa quelques jours : je l'avais cru, j'étais idot ; mais il conservait ses hautes fonctions, sa parfaite intelligence de ce qu'on appelait alors « l'échiquier diplomatique » — et, dans le fond, je préférais cela. Quelques jours plus tard, j'appris par les journaux, en Alsace, que le porte-parole du Bureau Politique venait de quitter le Parti, en donnant à cette rupture beaucoup d'éclat. Donc je m'étais trompé sur tout, depuis toujours. Je ne sais ce qui me retint de tomber dans la stupeur : ma futilité peut-être ; et puis je découvrais au même moment l'erreur monumentale de toute une génération — la nôtre — qui dormit debout : on nous poussait vers les massacres, à travers une féroce avant-guerre et nous pensions marcher sur les pelouses de la Paix. A Brumath, je vécus notre immense réveil anonyme, je perdis enfin et pour toujours mes marques distinctives : cela m'absorba.

Aujourd'hui, je me rappelle sans déplaisir mon apprentissage et je me dis que Nizan, dans le même temps, *désapprenait*. Comme il dut souffrir ! Un Parti se quitte malaisément : il y a cette loi, qu'on doit arracher de soi pour la briser, ces hommes, dont les visages aimés, familiers. deviendront de sales gueules ennemies, il y a cette foule sombre qui continuera de marcher obstinément et qu'on verra s'éloigner, disparaître. Mon ami était interprète : il se retrouva seul, dans le Nord, au milieu de soldats anglais. Seul parmi les Anglais, tel qu'il fut au pire moment de sa vie, en Arabie, fuyant sous l'aiguillon du taon, séparé de tous et disant non.

Il donna, bien sûr, des explications politiques. Ses anciens amis l'accusaient de moralisme ; il leur reprocha de n'être pas machiavéliens ; il approuvait, dit-il, le cynisme souverain des dirigeants soviétiques ; tous les moyens sont bons pour sauver la patrie du socialisme ; mais les communistes français n'avaient pas imité cette aisance cavalière ni compris qu'il leur fallait se désolidariser de l'U. R. S. S. en apparence ; ils allaient perdre leur influence pour n'avoir pas pris à temps les dehors de l'indignation.

Il ne fut pas le seul à fournir ces raisons ; comme elles paraissent légères aujourd'hui ! En fait, ce recours à Machiavel n'était rien de plus qu'une riposte : Nizan voulait prouver son réalisme ; tacticien, il condamnait une tactique : rien de plus — et qu'on n'allât pas croire, surtout, qu'il démissionnait par passion, par un désordre des nerfs. Ses lettres prouvent, au contraire, que la colère le bouleversait. Aujourd'hui, nous connaissons mieux les circonstances, les documents, nous comprenons les motifs de la politique russe : j'incline à penser qu'il fit un coup de tête, qu'il n'eût pas fallu rompre avec ses amis, avec sa vraie vie ; s'il eût vécu, je me dis que la Résistance l'eût ramené, comme tant d'autres, dans le rang. Mais ce n'est pas mon affaire : je veux montrer qu'il fut transpercé, frappé au cœur, que ce revirement inattendu lui démasqua sa nudité, le renvoya à son désert, à lui-même.

Il écrivait à « Ce Soir » ; on l'avait chargé de la politique étrangère. Un seul thème : s'unir à l'U. R. S. S. contre l'Allemagne. Il l'avait tant de fois développé qu'il s'en était convaincu : quand Molotov et Ribbentrop mettaient la dernière main à leur Pacte, Nizan, forçant sa voix rêche, exigeait pour son propre compte, avec des menaces, le rapprochement franco-soviétique. Au cours de l'été 39, en Corse, il vit des dirigeants : ils lui parlaient avec amitié, le félicitaient de ses articles et, quand il s'était retiré, la nuit, ils tenaient de longs conciliabules secrets. Savaient-ils ce qu'on nous préparait ? Rien n'est moins sûr : la révélation de septembre foudroya un Parti en pleines vacances. On vit, à Paris, des journalistes prendre à l'aveuglette, dans l'effarement, les plus graves responsabilités. En tout cas, Nizan ne douta pas un instant qu'on ne lui eût menti. Il en souffrit : non pas dans sa vanité ni même dans son orgueil mais, bien plus profondément, dans son humilité. Jamais il n'avait franchi la frontière des classes, il le savait ; suspect à ses propres yeux, il vit dans le silence des chefs le signe de la méfiance populaire. Dix ans d'obéissance ne l'avaient pas désarmée : on ne pardonnerait jamais à cet allié douteux la trahison de son père.

Ce père avait travaillé pour d'autres, pour des Messieurs qui lui volaient sa force et sa vie ; contre cela, Nizan s'était fait communiste. Or il apprenait qu'on l'utilisait comme un instrument, en lui cachant les objectifs véritables, qu'on lui avait soufflé des mensonges et qu'il les avait répétés de bonne foi : à lui aussi, des hommes lointains, invisibles avaient volé la force, la vie ; il avait mis tout son entêtement à refuser les mots corrosifs et doux de la bourgeoisie et, d'un seul coup, il retrouvait jusque dans le Parti de la Révolution ce qu'il redoutait le plus : l'aliénation au langage. Les mots communistes, si simples, presque bruts, qu'est-ce que c'était ? Des fuites de gaz. Il avait écrit de son père : « (Il avait fait) des actes solitaires que lui avait imposés une puissance extérieure et inhumaine... des actes qui n'avaient pas fait partie d'une authentique existence humaine, qui n'avaient pas eu de suites véritables. C'étaient des actes simplement enregistrés dans des dossiers ficelés et poussiéreux... » A présent, ses actes de militant lui revenaient à la mémoire et ils ressemblaient comme des frères à ceux de l'ingénieur bourgeois : pas de « suites véritables » ; des articles éparpillés dans les journaux poussiéreux, des phrases creuses, imposées par une puissance extérieure, l'aliénation d'un homme aux nécessités d'une politique internationale, une vie légère, vidée de sa substance, « image vaine de cet être décapité qui marchait dans la cendre du temps, à pas précipités, sans direction, sans repères ».

Il revint à son éternel souci : il militait pour sauver sa vie et le Parti la lui volait, contre la mort et la mort lui venait par le Parti. Il se trompait, je crois : le massacre fut enfanté par la Terre et naquit partout. Mais je dis ce qu'il sentait : Hitler avait les mains libres, il allait se jeter sur nous ; Nizan imaginait dans la stupeur que notre armée de paysans, d'ouvriers serait exterminée avec le consentement de l'U. R. S. S. A sa femme, il parlait d'une autre crainte : il reviendrait trop tard, usé, d'une guerre interminable ; il survivrait pour ruminer ses regrets, sa rancœur, hanté par la fausse monnaie des souvenirs. Contre ces menaces retrouvées, il ne restait que la révolte, la vieille révolte anarchique et désespérée : puisque tout trahissait les hommes, il préservait ce peu d'humanité qui reste en disant non à tout.

Je sais : le soldat irrité de 1940, avec ses partis pris, ses principes, son expérience, tous ses instruments de pensée, ressemble d'assez loin au jeune aventurier qui partit pour Aden. Il voulait raisonner, voir clair, tout peser, garder ses liens avec « ceux qui n'ont pas réussi » ; la bourgeoisie l'attendait, affable et corruptrice : il fallait la déjouer ; trahi, pensait-il, par le Parti, il retrouvait l'impérieux devoir de ne pas trahir à son tour ; il persistait à se dire communiste. Il réfléchissait, patiemment : comment corriger les déviations sans tomber dans l'idéalisme ? Il eut des carnets, des registres ; il écrivit beaucoup. Mais croyait-il vraiment corriger à soi seul l'inflexible mouvement de ces millions d'hommes ? Un communiste solitaire est perdu. La vérité de ses derniers mois, ce fut la haine. « Je veux, a-t-il écrit, combattre de vrais hommes. » Il pensait alors aux bourgeois, mais les bourgeois n'ont pas de visage : celui que l'on croit détester, il s'efface, et l'on retrouve la Standard Oil, la Bourse. Nizan nourrit jusqu'à la mort des rancunes particularisées : tel ami ne l'avait pas soutenu, par lâcheté ; tel autre l'avait encouragé à rompre et l'avait ensuite condamné. Sa colère se nourrissait de souvenirs vivaces : il revoyait des yeux, des boucles, des sourires, la couleur d'une peau, un air sévère ou cagot et il haïssait ces faces trop humaines, si familières ; s'il connut jamais la plénitude, ce fut à ces heures violentes où, choisissant ses têtes à massacre, sa rage devenait jouissance. Quand il fut tout à fait solitaire, « sans direction, sans repères » et réduit à l'inflexibilité de ses refus, la mort vint et le prit. Sa mort : idiote et sauvage, telle qu'il l'avait toujours crainte et toujours pressentie. Un soldat anglais prit le temps d'enterrer ses carnets intimes et son dernier roman : « La soirée à Somosierra » qu'il avait presque achevé. La terre mangea ce testament : quand sa femme, en 45, sur des indications précises, tenta de retrouver ses papiers, les dernières lignes qu'il avait écrites sur le Parti, sur la guerre ou sur lui-même il n'en restait rien. Vers ce moment, la calomnie se prit au sérieux : on condamna ce mort pour haute trahison. Quelle drôle de vie : aliénée, puis volée, puis cachée et sauvée jusque dans la mort parce qu'elle disait non. Exemplaire, aussi, parce qu'elle fut un scandale comme toutes les vies qu'on a faites, comme toutes celles qu'on fabrique aujourd'hui aux jeunes gens ; mais un scandale conscient et qui se dénonça publiquement.

Voici son premier livre. On le croyait anéanti, il ressuscite parce qu'un nouveau public l'exige. J'espère qu'on nous rendra bientôt ses deux chefs-d'œuvre : « Antoine Bloyé », la plus belle, la plus lyrique des oraisons funèbres et « La Conspiration ». Mais il n'est pas mauvais de commencer par cette révolte nue : à l'origine de tout, il y a d'abord le refus. A présent, que les vieux s'éloignent, qu'ils laissent cet adolescent parler à ses frères : « J'avais vingt ans, je ne laisserai personne dire que c'est le plus bel âge de la vie. »

Jean-Paul SARTRE.

(Mars 1960)

En général, il ne faut pas prendre le voyage d'Arabie pour un voyage de plaisir. Mais celui qui désire de connaître les nations étrangères et qui, de retour dans sa patrie, peut espérer de fixer par-là sa fortune, doit se résoudre à supporter quelque désagrément.

(Carsten NIEBUHR, *Description de l'Arabie.*)

Pour les jeunes gens qui aiment leurs aises et une table délicate ou qui veulent passer agréablement leur temps en compagnie des femmes, il ne faut pas qu'ils aillent en Arabie.

(Carsten NIEBUHR, *Description de l'Arabie.*)

1

J'avais vingt ans. Je ne laisserai personne dire que c'est le plus bel âge de la vie.

Tout menace de ruine un jeune homme : l'amour, les idées, la perte de sa famille, l'entrée parmi les grandes personnes. Il est dur à apprendre sa partie dans le monde.

A quoi ressemblait notre monde ? Il avait l'air du chaos que les Grecs mettaient à l'origine de l'univers dans les nuées de la fabrication. Seulement on croyait y voir le commencement de la fin, de la vraie fin, et non de celle qui est le commencement d'un commencement. Devant des transformations épuisantes dont un nombre infime de témoins s'efforçait de découvrir la clef, on pouvait simplement apercevoir que la confusion conduisait à la belle mort de ce qui existait. Tout ressemblait au désordre qui conclut les maladies : avant la mort qui se charge de rendre tous les corps invisibles, l'unité de la chair se dissipe, chaque partie dans cette multiplication tire dans son sens. Cela finit par la pourriture qui ne comporte pas de résurrection.

Très peu d'hommes se sentaient alors assez clairvoyants pour débrouiller les forces déjà à l'œuvre derrière les grands débris pourrissants.

On ne savait rien de ce qu'il eût fallu savoir : la culture était trop compliquée pour pemettre de comprendre autre chose que les rides de la surface. Elle se consumait en subtilités dans un monde rangé de raisons et presque tous ses professionnels étaient incapables d'épeler les textes qu'ils commentaient. L'erreur est toujours moins simple que le vrai.

On avait besoin d'A. B. C. composés de ce qu'il y avait réellement d'important. Mais au lieu d'apprendre à lire, ceux qu'un tourment sincère empêchait quelquefois de dormir imaginaient des conclusions qui reposaient toutes sur l'étude des décadences comparées : conclusions par l'invasion des barbares, le triomphe des machines, les visions à Pathmos, les recours à Genève et à Dieu. Comme tout le monde était intelligent !

Mais ces malins avaient la vue trop basse pour regarder par-dessus leurs lunettes plus loin que les naufrages. Et les jeunes gens avaient confiance en eux.

Condamnations sans appels, sentences impératives : « Vous allez mourir. » Les gens de mon âge, empêchés de reprendre haleine, oppressés comme des victimes à qui on maintient la tête sous l'eau, se demandaient s'il restait de l'air quelque part : il fallait pourtant les envoyer rejoindre entre deux eaux leurs familles de noyés.

Comme l'on me classait parmi les intellectuels, je n'avais jamais rencontré d'autres êtres que des techniciens sans ressources : des ingénieurs, des avocats, des chartistes, des professeurs. Je ne peux même plus me souvenir de cette pauvreté.

Des hasards scolaires, des conseils prudents m'avaient porté vers l'Ecole Normale et cet exercice officiel qu'on appelle encore philosophie : l'une et l'autre m'inspirèrent bientôt tout le dégoût dont j'étais déjà capable. Si l'on demande pourquoi je restais là, c'était par paresse, incertitude, ignorance des métiers, et parce que l'Etat me nourrissait, me logeait, me prêtait gratuitement des livres et m'accordait cent francs par mois.

L'Ecole Normale est une institution que les nations envient à la République : elle est une des têtes de la France qui est pourvue de chefs comme une hydre. On y dresse une partie de cette troupe orgueilleuse de magiciens que ceux qui paient pour la former nomment l'Elite et qui a pour mission de maintenir le peuple dans le chemin de la complaisance et du respect, vertus qui sont le Bien. Il y règne l'esprit de corps des séminaires et des régiments : on arrive aisément à faire croire à des jeunes gens que leur faiblesse privée incline à l'orgueil collectif, que l'Ecole Normale est un être réel, qui a une âme — et une belle âme — une personne morale plus aimable que la vérité, la justice et les hommes. Dans ce lieu habité par des entités transparentes, comme le Jardin de la Rose. Hypocrisie est reine. La plupart des normaliens portent sur eux-mêmes les seuls jugements qui affirment leur participation à l'Elite : élite chrétienne, beaucoup d'entre eux aiment la messe. Elite universitaire : on en voit qui préparent comme un grand voyage les étapes d'une belle carrière et projettent à vingt ans des mariages avec les filles de célèbres professeurs : *Le Bulletin de l'Ecole Normale* publie d'orgueilleuses et risibles généalogies. Elite politique : plusieurs nagent dans les eaux sales des sections socialistes, des ligues radicales avec une habileté de vieux poissons. Mais toujours élites de l'Esprit. Ces pensées ambitieuses limitent la plupart des méditations sur la valeur des hommes.

On propose là à des adolescents fatigués par des années de lycée, corrompus par les humanités, par la morale et la cuisine bourgeoises de leurs familles, l'exemple de prédécesseurs illustres : Pasteur, Taine, Lemaitre, Giraudoux, François-Poncet. On leur promet la Croix à leur tour de bêtes et l'Institut à la fin de leurs jours : mais personne ne leur raconte la vie d'Evariste Galois.

En 1924, il y avait encore un homme : c'était Lucien Herr. Quand on voyait ce géant penché sur une colline de livres, ces yeux sans brouillards au pied d'un front bossué, d'une sévère falaise de pensées, lorsqu'on entendait sa voix qui ne mentait jamais énoncer des jugements qui ne voulaient que cette fin juste : rendre à chacun ce qui lui revient, on savait qu'il n'était pas périlleux de vivre dans cette demeure crasseuse. Mais il mourut : il ne resta plus que l'Ecole Normale, objet comique et plus souvent odieux, présidée par un petit vieillard patriote, hypocrite et puissant qui respectait les militaires.

Pendant des années, j'ai entendu rue d'Ulm et dans les salles de la Sorbonne des hommes importants qui parlaient au nom de l'Esprit.

C'étaient de ces philosophes qui enseignent la sagesse dans des revues, écrivent des ouvrages de références et de bonnes raisons. Ils entrent dans les corps savants, ils convoquent des congrès pour décider des progrès que l'Esprit a faits dans une année et de ceux qui lui restent à faire. Ils ont des rubans à leurs revers comme de vieux gendarmes retraités. Ils inaugurent des plaques de marbre, sur des maisons natales, sur des maisons mortuaires, à des carrefours hollandais. Ces commémorations leur font voir du pays. Ils vivent presque tous dans les quartiers de l'Ouest de Paris : à Passy, à Auteuil, à Boulogne : quartiers tranquilles, peu de bruits, peu d'hommes, les filles n'y sont pas réglées avec un an de retard. Ce sont les Sages du XVIe arrondissement.

Cependant ils présentent des idées bien dressées, des théories aux dents limées sur la psychologie, sur la morale, le progrès : ces abstractions montraient déjà la corde au temps de Jules Simon ou de Victor Cousin ; elles font encore bon usage. Ils sont bonshommes : ils disent que la vérité s'attrape au vol comme un oiseau naïf. Ils lancent des messages sur la paix et la guerre, sur l'avenir de la démocratie, sur la justice et la création de Dieu, sur la relativité, la sérénité et la vie spirituelle. Ils composent des vocabulaires, parce qu'ils ont découvert tous ensemble une proposition importante : les problèmes n'existeront plus quand les termes en seront convenablement définis. Alors ils tomberont en poussière : ni vu ni connu, les poser sera les résoudre. Les philosophes seront simplement les chiens de garde du vocabulaire et les historiens de ce moyen âge où les mots avaient plusieurs sens. En attendant ils apprennent à mettre de côté les pensées dangereuses pour le jour où leurs poisons seront évaporés : la raison a le temps, elle les retrouvera à son heure qui ne coïncide pas avec l'heure des hommes.

Ils font ainsi de la philosophie, qui demande en somme

assez de propreté et de soins pour qu'il soit honorable d'y consacrer des vies soustraites à la comptabilité et à la société de Jésus.

Et quel langage ! Ils montrent tant de bons tours, de, proverbes, de figures que je ne sais même plus si à force de silences instruits par les déclarations secrètes du sommeil, d'entretiens avec les passants attardés sur les places, dans les casernes, les débits, les usines je retrouverai le sens des paroles droites et des simples inventions des hommes.

Parmi eux un grand penseur : Léon Brunschwicg. Cachant mieux son jeu, avec plus d'as dans ses manchettes. Une précision d'horloger des pensées, une adresse relevant de l'art de l'illusionniste faisaient d'abord croire à un philosophe : mais on ne trouvait à la fin qu'un Robert Houdin qu'on pouvait mesurer, de qui on pouvait compter les mensonges. Ce petit revendeur de sophismes avait un physique de vieux maître d'hôtel autorisé sur le tard à porter ventre et barbe. La ruse sortait du coin de ses yeux, guidait dans l'espace gris les courts mouvements de ses mains doucereuses de marchand juif. Lançant avec des clins d'yeux des bons mots comme les décrets de la raison, suggérant à chaque discours : laissez-moi faire, tout va s'arranger, je répare tout dans les âmes et dans les sciences. Puis saluant au parterre. Quel appétit caché de places, de repos et d'honneurs ! Quel terreur sincère de la vérité qui menace, de celle qui aurait pu par exemple attenter à l'argent de cet homme riche ! Les disciples rangés autour de lui se tenaient prêts à relever au-dessus de son cadavre le drapeau mercenaire de l'idéalisme critique.

Cependant des hommes travaillaient à la chaîne. Cependant des policiers marchaient dans les rues, des hommes mouraient en Chine de mort violente, dans la Haute-Volta, le travail forcé abattait les Noirs comme une épidémie.

Ainsi faisait-on ce qu'on pouvait pour nous cacher l'existence charnelle de nos frères afin que nous fussions vraiment armés pour les tâches de curés auxquelles nous étions destinés. La bourgeoisie gave ses intellectuels dans des mues pour qu'ils ne soient pas tentés d'aimer le monde. Ainsi vivions-nous à la pauvre vitesse du sommeil : chacun sait que ce sont les grandes vitesses qui coûtent cher. Nous tournions comme on nous avait appris à tourner, occupés à de petits jeux de construction enseignés par tous ces fonctionnaires. Il y avait un peu partout des gens dans les campagnes et les banlieues : mais nous, nous regardions pour faire comme eux nos maîtres et nos pères tristement accroupis dans les coins, se relevant parfois pour faire rire leurs patrons, leur livrer une commande d'illusions, d'arguments ou de justifications. Bouffons, complices : métiers de l'esprit. De temps en temps, ils priaient qu'on fût patient : le monde allait prochainement être sauvé.

II

Figurez-vous : nous voilà lâchés à vingt ans dans un monde inflexible munis de quelques arts d'agrément : le grec, la logique, un vocabulaire étendu qui ne nous donne même pas l'illusion d'y voir clair. Nous sommes perdus dans la galerie des machines de nos pères où tous les coins mal éclairés dissimulent les rencontres sanglantes, guerres aux colonies, terreur blanche aux Balkans, assassinats américains applaudis par toutes les mains françaises : la terrible hypocrisie des hommes au pouvoir n'arrive pas à voiler la présence des malheurs que nous ne comprenons pas : nous savons seulement qu'ils sont là, qu'il arrive des malheurs quelque part. Ne nous dites pas que c'est pour notre bien. Ne vous contentez pas d'accuser le destin, de faire éternellement le geste de Pilate.

Chacun trouve au fond de ses réveils tous les désordres du temps je ne sais combien de fois réduits à la médiocre échelle d'une inquiétude privée. Il y a en nous des divisions, des aliénations, des guerres et des palabres. On peut nous dire que c'est l'époque de la conscience malheureuse : cela ne nous empêche pas de craindre pour notre peau, de souffrir des mutilations qui nous attendent : après tout nous savons comment vivent nos parents. Maladroitement malheureux comme les chats qui ont la fièvre, les chèvres qui souffrent du mal de mer. Où était placé notre mal ? dans quelle partie de notre vie ? Voici ce que nous savons : les hommes ne vivent pas comme un homme devrait vivre. Mais nous ignorons encore les éléments qui composent cette vie véritable : toutes nos pensées sont négatives. Le fameux Alain nous dit bien : « Penser, c'est dire non. » Mais seul l'esprit du Mal nie éternellement. Le temps arrivera où l'esprit ne redoutera plus ses propres adhésions : l'homme rougira alors de s'être si longtemps borné à la défensive.

Nous ne sommes pas satisfaits d'avance des métiers auxquels on nous dresse avec promesse de maigres salaires. Nous avons peur de ce qui va nous arriver : la belle jeunesse ! Comment demander des secours à des hommes ? Où sont-ils cachés ? Tout nous écarte d'eux : le devoir, la famille, la patrie, le respect, l'argent. C'est trop d'ennemis pour notre force. Je sais aujourd'hui que ce sont des fantômes, des reflets dix mille fois tordus que nous prenions au sérieux à cause de nos bonnes intentions : mais j'y ai mis le temps.

Voici : nous allons entrer dans une prison dont nous n'arrivons pas à imaginer dans tous ses détails le régime. Quel jeune homme pensant à une prison devine ce qui se passe dans chaque cellule : ce n'est pas à vingt ans qu'on sait mettre la main sur les choses particulières, sur les événements singuliers. Mais nous en pressentons assez pour étouffer. Nous ne sommes pas malades d'illusions : des diminutions et des contraintes réelles menacent et nous ne savons pas les dénombrer. En vain vouliez-vous nous faire croire aux conflits candides de la liberté et du déterminisme, de la prédestination et de la grâce, de la maturité et de la puberté : s'il ne s'agit que de ces mots, nous ne sommes pas plus bêtes que vous : nous saurions faire des thèses ou prêcher dans les chaires. Il y a des réalités déchirantes derrière vos sentences.

Mais nous sommes faibles, l'impuissance est en nous, nous sommes dressés à l'esclavage docile depuis notre enfance confortable : nul moyen de dépister en nous les sources de l'espoir, nous ne sommes pas sourciers. Nul moyen de comprendre que nous souffrons du désœuvrement de nos besoins humains. Nos maîtres paraissent inébranlables, les machines qui laminent toutes les existences trop bien jointes pour être brisées. Mais si nous ne faisons rien, le chômage va durer toute la vie. Que nous arrivera-t-il ? Que ne nous arrive-t-il pas ? Il est dur d'être une boussole affolée par un orage ou une aurore boréale, tournant vers les points cardinaux, dans une ombre traversée de sonneries, de feux, de cris, où la folie fait la belle et montre au coin des rues son visage avenant.

Notre enfance y est bien pour quelque chose : les édredons de plume de la vie provinciale, nos premières communions, les glycines de l'été quatorze ne nous ont pas préparés à l'apparition de la guerre. La mort de nos cousins et de nos frères, la licence donnée par l'absence de nos pères, les objets meurtriers de nos aînés ont fourni au désordre de mystérieux aliments : c'était celui de l'enfance miraculeuse soustraite aux complots pacifiques de l'ordre : la guerre nous a permis de vivre. Pas d'autre contrainte que l'obligation de se découvrir devant les morts et les drapeaux. Dans les nuits de raids, enflammées par les bombes, les sirènes, les hurlements des chiens dans les caves, les incendies, les enfants s'amusaient : tranquillité des parents.

Comptant sur les misères du temps pour former des cœurs héroïques et l'amour de la vertu, les professeurs et les mères ont pris peu de soins pour nous habituer aux valeurs morales qui coulèrent à pleins bords entre quatorze et dix-huit. Ils ont pensé qu'elles iraient de soi dans l'air civique et guerrier qu'on respirait dans les préfectures les plus lointaines du Midi. Grâce à une erreur si grossière, à l'âge viril, nous ignorons bien des drames : mais on se met trop tard à nous enfoncer dans la tête les Lois comme des réclames sur la vérole : comment y croire, nous n'y voyons que des chaînes effrayantes pour un homme, des chaînes qui nous entaillent la vie. Etre un homme nous paraît la seule entreprise légitime : nous sommes désespérés en découvrant que tant de beaux devoirs auxquels il fallait nous faire croire dix ans plus tôt ne laissent rien debout dans l'amour de la vie. Aimer la vie qu'ils nous font ? Assemblez des familles provinciales, des prospectus, des examens, des jeunes filles bien élevées, des basses figures d'officiers instructeurs, des putains accoudées sur de faux marbres, des avenues noires, des leçons à trente francs l'heure et la table kantienne des jugements, vous êtes des hommes. Voilà de quoi combler votre jeunessse.

Ces journées des dupes se déroulent dans la fausse lumière de foire nationale du lendemain de la guerre : elles ont commencé avec le matin de l'armistice, la seule fête des rues que j'aie vue. Une grande expiration tenue des années au fond des poumons, des désirs de sexe et de boisson, le droit naturel d'allumer toutes les lampes qu'on voulait, d'insulter les anciens ennemis, le jour enfin où j'embrassai boulevard Montmartre devant la boucherie en gros du *Matin* la première bouche de ma vie. Les combattants vidés de toute leur guerre entretiennent cette flamme aussi fidèlement que le gaz imbécile sous l'Arc de Triomphe : éclatants de l'orgueil insolent d'avoir été forcés aux sacrifices, ils exploitent devant nous les morts nationaux. Dans ces cadavres glorieux tout est bon pour une sinistre charcuterie qui débite publiquement tous les morceaux des morts. Ils vivent selon l'ordre militaire qu'ils rêvent de maintenir dans une nation déréglée, entourée des ennemis qu'ils lui inventent tous les jours : tous les cœurs sont imprégnés par eux d'une sale odeur de combat, de bivouac et de permission de détente. Derrière ce déballage d'idéal patriotique qui séduit quelques adolescents de bonne famille s'organisent l'industrie française et la petite guerre civile contre les ouvriers qui ne mangent pas les morts. Nous pensons encore faiblement à ces vérités sévères, mais ces gens-là sont déjà pour nous les défenseurs bruyants de la loi, les prophètes de nos devoirs. Rien ne nous concerne dans ces fables : nous cherchons quelque chose de réel à nous mettre sous la dent : ils nous arracheraient le pain de la bouche. La faim et la faiblesse corrompent nos paroles et nos premières actions : les livres qu'on nous donne ont l'air écrits dans des allées de cimetière. Les partis nous font des propositions en plein jour. Les messages que nous lançons nous retombent sur le nez. Faisons quelque chose. Mais quoi ?

Ce que font les esclaves désœuvrés. On se divertit, on boit en bandes : nuits consolatrices. On entre dans des cinémas : il y a au moins la chaleur animale, les femmes dont on touche les genoux et qu'on accompagne. Dans ces cuves sonores pleines d'éclairs blancs, les hommes vont s'oublier : ils sortent hébétés par les songes et vont se perdre dans les cubes où se déroulent ce que Bergson ose encore appeler la vie, avec ce robinet éternel dans un coin. Nous faisons comme les hommes.

Nous connaissons encore des femmes. Je vais en retrouver une qui tient un des tristes petits bars de la rue Saint-Jacques : son mari séché par les vents de l'Argentine circule entre Paris et Londres absorbé par des trafics que les codes commerciaux ne définissent pas : à ses retours, il enfonce des flèches tricolores dans une cible de paille. Cette jeune femme purifiée des alluvions de sa ville natale n'est qu'un corps ennuyé sur les frontières d'un désert, mais ses genoux écartés, les ciseaux noirs et blancs de ses cuisses suffisent provisoirement à l'amour de la liberté, dans ces années où une bouche humide peut seule nous sortir de nos habitudes. Je me perds avec elle dans un pays sans contours fermé par les grands pans verticaux de la nuit.

Tout cela dure des mois et des mois : on veut nous faire croire que c'est la croissance, mais nous savons qu'il n'y a pas de raison pour que cette vie finisse, puisque tous les hommes vivent comme nous tournant comme des chauves-souris. Comme nous ignorons nos compagnons de révolte le fond des campagnes et des hôtels meublés de Billancourt, nous ne pensons qu'à fuir. Eux restent là, plus durement esclaves, parce que leur servitude est aussi celle du corps, la fatigue des reins, le manque de viande et d'air. Mais nous, du fond de notre bourgeoisie, comment deviner que les fondements de notre peur et de notre esclavage sont dans les usines, les banques, les casernes, les commissariats de police, tout ce qui est pays étranger.

Chacun veut assurer son évasion par ses propres moyens.

III

Il y avait des quantités d'échappatoires : que de portes pour n'aller nulle part.

Les uns allaient demander à Dieu et à ses prêtres de les recevoir et de leur expliquer ce qui n'allait pas. Ils s'occupaient à apprendre Notre Père aux enfants dans les patronages. Ils étaient vite au chaud, prenant l'humiliation pour la prière, la ruine de l'homme pour sa sainteté. Cela permettait aux plus intelligents de se livrer à une certaine sorte de poésie : Dieu continuait son vieux métier en se laissant accommoder à toutes les recettes. Naissance de bons dieux, apparitions de saints gagnés à des poètes qui auraient bien voulu qu'on les prît pour des Jongleurs de Notre-Dame. Immense pureté, refuges, indulgences. Des poètes ouvraient des bureaux de conversion. Rimbaud était tiré malgré ses derniers défenseurs du côté de la sacristie de Saint-Sulpice ; les curés, pour être salués par la Jeunesse, expliquaient que la prière et la poésie sont les faces d'un acte unique. Ce Janus bifrons laissait place à toutes les déclarations sur la pureté et l'impureté de la poésie, sur l'inspiration, la conversion et l'inversion.

D'autres flambés jusqu'à la peau par les lumières de Paris s'habituaient à mourir dans des trous, assiégés par les images femelles qui s'étaient terrées un peu partout au sortir de la guerre : gens de loisir, ils vivaient dans un état horrible de fausse naïveté encore nommée poésie, simplement enfoncés dans le mal dont ils n'essayaient pas de regarder les raisons. Alors renaissait le phénix appelé romantisme : on allait porter l'objet littéraire à la température d'un dieu, docile à la fréquente communion. Mal du siècle confortable comme le spiritisme, dernier asile où crever en paix dans l'odeur de renfermé des châteaux abandonnés par les grands-pères. Mais ce sérieux d'enfants malades arrive-t-il à faire crouler les murs percés de meurtrières par où des quantités d'yeux les regardent, ces murs le long desquels ils n'arrivent pas à grimper ? Après tout voilà d'autres bouffons des bourgeois tourmentés par le retour d'âge et les avertissements que chaque jour leur apporte de leur déclin. Toute cette réalité poétique aide les industriels français, les académiciens, les policiers, les séminaristes, les socialistes français à empêcher de mourir leur classe bien-aimée. Espérons pour le dernier honneur de l'homme que ces poètes ne se doutaient de rien.

Il y avait d'autres portes qui menaient vers les grands hommes : on se baignait dans leurs vies, on trempait dans leur gloire comme dans le cinéma, comme dans un carême à Notre-Dame. Ils étaient à la mode ; on se mettait dans leur peau en s'endormant, on se mettait à genoux dans leurs chapelles expiatoires si calmes, où l'on ne pense pas aux cours de la Bourse, aux grèves, aux assassinats, aux armées, aux mariages convenables, aux devoirs conjugaux. Saint Thomas ramassait des disciples au sang pauvre dans les familles bien élevées, autour de Sainte-Croix de Neuilly et de l'Institut catholique. De même Kant, Pascal, Descartes, Louis XIV.

Il y avait l'ironie, si convenable, comme un notaire. Elle était au moins conforme au passé de la France, elle était patriotique : la pudeur, vertu de ces petits Français. Elle n'effraye personne, elle n'est pas si négative qu'elle en a l'air, elle n'interdit pas de faire des carrières applaudies jusque dans le quartier Malesherbes. On peut arriver, sous cette étiquette de sceptique si honorable depuis Montaigne et Huet.

Reste la fuite réelle : cela arrivait ; les faits divers

annonçaient quelquefois des suicides. Alors des jeunes gens d'une correction américaine organisaient des enquêtes : le suicide est-il une solution ?

Quelques-uns ayant frappé à toutes ces portes voyaient fondre les raisons glacées qu'ils avaient malgré tout de rester à l'attache. Faisant appel à des souvenirs de lectures et aux jeux collectifs de l'enfance, ils pensaient tout d'un coup qu'on voyage. Dans ces années molles où le dégoût, où l'impatience d'être des hommes montaient dans tous les corps comme des accès de fièvre, une force centrifuge irrésistible attirait les hommes les moins pesants de l'Europe, loin de ce nombril de la terre qu'était peut-être Paris. Ils volaient du côté où les dernières chances paraissaient accrochées à la rose des vents : le prétexte des aventures garantissait la confiance qu'ils ne pouvaient s'empêcher, malgré tout, de conserver à la vie. L'aventure était l'attention merveilleuse qu'ils portaient à leur avenir. Il y avait une grande part de naïveté dans ces entreprises qui avaient rarement une signification commerciale ; mais cette naïveté a des excuses : des écrivains, des philosophes promettaient merveilles des voyages. C'était un mot où pendaient bien des ornements littéraires et moraux. Les souillures de la morale gâtaient tout.

Pas de voyages en Europe : nous en étions venus à regarder cette mince bande de territoire, ce surjeon de l'Asie comme un bloc, comme la masse de notre pays natal. On parlait d'elle comme d'un être unique, voué aux malheurs d'un unique destin : il y avait notre patrie, l'Europe, et nous. C'était d'elle qu'il était important de nous débarrasser. Et ailleurs reposaient les autres continents, chargés des forces, des vertus, des sagesses absentes de notre province. Tout valait mieux qu'elle, et qu'elle tout entière. Et en effet l'ombre des cartels allemands, des milices fascistes, des textiles anglais, des bourreaux roumains, des socialistes polonais était aussi noire et froide que celle du comité des Forges et des usines de Saint-Gobain : mais nous n'en savions rien. Nous pensions vie intérieure quand il fallait penser dividendes. Saisissez que nous étions en proie au vague des passions, que nous étions emportés dans un tourbillon d'apparences sentimentales. Notre éducation avait été assez mal faite, assez artificiellement conçue pour nous permettre de penser sans rire à la Justice, au Bien, au Mal. Nous vivions, dans le ciel, après tout ; mais toutes nos forces nous tiraient du côté de la terre.

Franchissons donc les limites de cette presqu'île limitée par des mers et les poteaux frontières de la Russie. Condamnons cette taupinière avec ses tas de scories, les crassiers de ses vieilles mines. Les professeurs eux-mêmes, complices patients des poètes parlaient de son déclin, les philosophes décrivaient la décadence de l'Occident. Comment savoir que la décadence véritable du monde était manifestée partout, dans les fabriques américaines, dans les guerres coloniales, les comptoirs africains ? Comment savoir que tout pouvait recommencer un jour, que tout recommençait dans les assemblées soviétiques, dans les mouvements ouvriers, les soulèvements qui redressaient la vieille Asie paralytique ?

Notre conclusion était vide, parce que l'on nous avait accoutumés à penser à l'Orient comme au contraire de l'Occident : alors du moment que la chute et la pourriture de l'Europe étaient des faits absolument simples et clairs et distincts, la renaissance et la floraison de l'Orient n'appartenaient pas moins à l'ordre des évidences. Il renfermait le salut et la nouvelle vie des Européens, il avait des remèdes et de l'amour de reste. On usait un peu partout avec imprudence des analogies antiques et de l'histoire officielle des religions ; on ornait l'Asie de toutes les vertus humaines que l'Occident achevait de perdre depuis tantôt trois cents ans et ne réclamait plus que dans la colonne d'agonie des quotidiens anglais. L'esprit de la civilisation planait sur l'Inde, la Chine nous semblait plus merveilleuse qu'à Marco Polo. Qui donc nous aurait révélé de bonnes raisons brutales, de bonnes raisons humaines de nous intéresser à l'Asie : les grèves à Bombay, les révolutions et les massacres en Chine, les emprisonnements au Tonkin. Et non Bouddha.

Il y avait aussi l'Amérique.

L'Europe avec son maigre compte de terres, sa pauvreté d'hommes et de pétrole, sa misère d'événements paraissait une vieille femme agonisante entre deux héros : l'Asie, héros de la sagesse, l'Amérique, héros de la puissance.

L'Afrique, l'Océanie n'étaient encore que des réservoirs débordants de poésie que n'utilisaient guère que des marchands de curiosités et des poètes à l'inspiration desséchée.

Tout cela marquait simplement la paresse et l'impuissance des gens d'Europe à faire quelque chose pour eux-mêmes : les autres continents fournissaient quelques-uns des mondes imaginaires que tous les hommes inventaient dans la nuit pour oublier les vérités de leur purgatoire et décorer d'illusions leur indigence et leur écrasement.

IV

Que contenait encore le nom du voyage ? Qu'y avait-il dans cette boîte de Pandore ?
La liberté, le désintéressement, l'aventure, la plénitude, tout ce qui faisait défaut à tant de malheureux et n'était possédé qu'en rêve, comme les femmes par les adolescents catholiques. Il contenait la paix, la joie, l'approbation du monde, le contentement de soi-même.
On faisait un sort à des exemples devenus vénérables. Stevenson, Gauguin, Rimbaud, Rupert Brooke. Beaucoup d'écrivains étaient employés dans la diplomatie, et le nombre et la vitesse des trains internationaux, le développement des lignes de navigation mettaient le déplacement à la portée de tous.
Les Parisiens sédentaires comme des moules se sentaient émus par les affaires du P. L. M., par les sifflets des trains sous le pont de l'Europe, comme les courtisans de Louis XVI par un bêlement de mouton et un tableau de Watteau : ils pensaient à des voyages comme les habitants du XVIIIe siècle étaient malades du désir de la campagne, des archipels bienheureux et allaient à Ermenonville lire les écrits champêtres de Rousseau.
Nous possédons une tradition rarement interrompue de l'espace géographique, favorisée par les expéditions

maritimes et que le développement républicain de l'instruction gratuite et obligatoire a contribué à rendre populaire. Tous les instituteurs encouragent l'amour des pays étrangers. Cette tradition est aussi répandue que l'utilisation du suffrage universel. Elle remonte aussi loin qu'aux débuts de la Renaissance : c'était un temps où les gens commençaient à en avoir assez où ils étaient passionnés par des histoires de paradis terrestres perdus et retrouvés, par des anecdotes morales sur les bons sauvages. Ils en croyaient Christine de Pisan racontant du fond de son Moyen Age :

> *Je fus au pais de Brachyne*
> *Où les gens sont bons par nature*
> *Et ne font pechie ne leidure*

Christophe Colomb aperçoit sur l'Atlantique avant même d'arriver dans sa fausse Amérique les présages du monde des merveilles : il débarque aux îles, voici, en attendant les massacres, le vrai lieu de la vie humaine partout corrompue. On décrit pendant des siècles des voyages imaginaires, comme Platon décrit les îles des Bienheureux, on se croit autorisé à placer le Paradis Terrestre quelque part dans le monde : c'est une contrée qui a longitude et latitude, la route en est perdue mais une exploration heureuse peut faire retrouver ses coordonnées. Béatitude et joie relèvent de la géographie. Cela continue au XVIIIe siècle : en attendant la Révolution, les utopies sont voyageuses. Nous en sommes là : des garçons de quatorze ans étouffés par la vertu de la famille, dégoûtés des têtières au crochet sur les fauteuils, des ronds de sparterie sous les semelles, fracturent les tiroirs ordonnés de leurs parents. Des bourgeois mécanisés par l'existence ont leur digestion troublée par le nom des îles Sous-le-Vent et des îles Paradis, par l'*Astrolabe* et la *Zélée*. On en trouve d'assez candides pour partir vers les îles d'Océanie, vers le centre africain. Les intellectuels ne sont pas plus malins que les enfants et les bijoutiers.

Seulement la terre connue, arpentée, cadastrée, les gens d'Europe l'ont mise en coupe : on est partout volé comme dans un bois ; les paradis sont des entreprises commerciales de cobalt, d'arachides, de caoutchouc, de coprah ; les sauvages vertueux sont des clients et des esclaves. Les curés de tous les dieux blancs se sont mis à convertir ces idolâtres, ces fétichistes, à leur parler de Luther et de la Vierge de Lourdes, à leur révéler les culottes de chez Esders. Avec l'Eucharistie arrive le travail forcé du Brazzaville-Océan. Ainsi sont réduits au silence ceux-là mêmes de qui nos pères attendaient des secrets. Tout va bien : la prière et l'absinthe entrent dans le jeu, la courbe des valeurs coloniales monte dans les bourses civilisées. Ceux qui abordent en dépit de tous les mauvais signes à Tahiti et aux Marquises y trouvent des missionnaires, si bons pour les lépreux, de grandes filles molles syphilitiques, des trafiquants grecs aux dents cariées, des sous-officiers alcooliques qui rêvèrent pour leur retraite d'être policiers à Saigon.

Reste à conjuguer au futur les dernières utopies, à les enfoncer dans le brillant avenir du temps, à inventer pour la consolation des populations urbaines les uchronies de la vie intérieure.

Mais parlons aux hommes des actions présentes qui sont ici et en ce temps, et mettons-les en train.

Ainsi, il y avait dans ce temps cruel dont je parle, des hommes qui voulaient vraiment fuir les niches où les fixaient des chaînes de causes auxquelles ils ne comprenaient presque rien. Ils le voulaient sans hypocrisie, sans docilité à des mots d'ordre littéraires : ils n'étaient pas tous des intellectuels adonnés aux délices de leurs raisonnements abstraits. Ni des amateurs oisifs qui aiment les paquebots des croisières ruineuses, ni des commerçants anonymes. Ces fuites étaient naturelles comme des crimes, des mariages, des suicides, qui sont en tel et tel nombre dans un pays. Les Pouvoirs connaissaient assez bien ces désirs pour les utiliser aux fins les plus brutales de leur activité : le recrutement des marins et des militaires de carrière, la paix sanglante de leurs expériences coloniales. Les affiches de racolage à la porte des gendarmeries, des casernes, des mairies, les articles du « Temps » colonial, exploitaient avec une ruse grossière le désir que des paysans, des ouvriers, des employés pouvaient avoir d'échapper à leur vieille peau : elles promettaient avec la certitude de la nourriture et du lit, les plaisirs des tropiques, la facilité des femmes de couleur, séduisaient les cœurs par des artifices enfantins qu'inspirait une connaissance élémentaire mais efficace des tentations humaines.

Comme tout le monde, ces voyageurs avaient vécu de ces années où on est mené par des puissances méthodiques, où on ne comprend goutte à ses passions, à ses mouvements, à ses mots, au travail, à l'amour. Tout est commandement militaire, règlement sur la discipline. Comme tout le monde, victimes de diables qui ne laissent pas de marge aux plus simples vagabondages humains. Des voix qui les amollissaient au milieu de leurs tâches comme le vent du mois de mars, leur ordonnaient d'aller à la rencontre des événements, de les mettre au défi de toujours échapper. Les événements ne viennent pas à domicile, les événements ne sont pas un service public comme le gaz et l'eau. Mais il y a des routes, des ports, des gares, d'autres pays que le chenil quotidien : il suffit un jour de ne pas descendre à sa station de métro. Ils savaient cela avec une précision plus ou moins éclairée, ils étaient tous de la même bande honteuse qui connaît son état de disette quand elle sort de son travail éternel. A quels jeux employer si tard dans la journée la vacance insolite des mains, la liberté provisoire de la promenade des prisonniers ? Où sont les femmes, où sont les amis introuvables, ces choses aussi simples que l'eau et que le pain ?

Alors ils partaient vers des accidents obscurs, que personne ne prévoyait, plus merveilleux que des comètes, en l'an 1000, et qui feraient d'eux des hommes. Tout ce qu'ils voyaient bien était les manques de leur vie, leur agitation d'ombres en proie à d'horribles humiliations.

Il était temps pour eux, il allait être trop tard d'avoir des yeux capables de voir le monde, de mettre la main sur un animal charnel, sur des objets à trois dimensions, de vivre soudain une telle journée qu'ils seraient assurés que la vie en général n'est pas le songe irrémédiable de leurs anciens déserts. Ils se dirigeaient à tâtons vers une découverte, et une invention substantielles, comme celle de la sainte Croix, qu'ils ne désiraient même pas clairement, parce qu'ils s'étaient toujours endormis, éveillés dans une ombre si noire que leurs désirs n'étaient pas nommés, comme un couteau, comme un chien, comme Dieu.

J'attends parmi eux, nous sommes des émigrants. Je ne juge pas, toute la méthode pour bien penser est aux orties, je tremble d'inquiétude. La porte s'ouvre. On parle autour de moi du départ, on me fait des recommandations, je respire dans un vertige que je devrais trouver agréable. On me dit adieu, je file comme un mort.

V

Je me trouve un matin dans la lumière rougeâtre du mois d'octobre, sur le pont d'un petit cargo neuf qui lève l'ancre, dans un dock de la Clyde, à Paisley. Le soleil au-dessus de la gelée blanche ressemble à l'étendard du Japon. Dans les champs les meules sont glacées, les tiges d'herbe sont probablement cassantes comme du verre fêlé.

La mer d'Irlande descendue, l'île du Lundy doublée, l'Europe tombe dans le sillage comme une bouée. Entre Swansea et le cap Saint-Vincent, l'Amin coupe les eaux de l'Atlantique dans les coups de vent et les grains de la saison : derrière les vitres de la chambre des cartes on voit les paquets de mer éclater contre la roue du gouvernail, le corps de l'homme de quart, ils font sonner la cloche de timonerie. Au centre des froids humides de la mer, les mouettes soustraites au vent planent au-dessus du pont, pendues à des fils invisibles. La nuit, les malles battent les parois de la cabine, la vaisselle accrochée au plafond de l'office perd une tasse, une assiette. Les couchettes craquent.

Dans un mouvement monotone, les promontoires de l'Espagne et du Maroc, les hauts lieux, la ruche guerrière de Gibraltar, Ceuta, Cadix, Algésiras, le mont Ida apparaissent comme des avertissements : on les suit des yeux jusqu'à ce qu'ils ne soient plus qu'une ligne de fumée plate sur l'horizon : on les commente longtemps à la table vernie du carré.

Dans les eaux de Malte rôdent des croiseurs britanniques ; les coups de canon des écoles à feu ouvrent de profondes cavernes dans le grand silence architectural du ciel. Entre Malte et la Crète, un matin, une file de sous-marins glisse en surface, comme une bande de marsouins fatigués de faire la roue : l'Europe se rappelle au voyageur par les symboles les plus révoltants de son destin.

Port-Saïd passé avec ses femmes à vendre, ses garçons à acheter, ses Juifs syriens, ses eaux jaunes, les paquebots couleur d'abeille de la Peninsular et de la British India, grouillants de coolies de charbon, le bateau perd de vue le dôme de verre de la Compagnie du Canal, traîne jusqu'à Suez entre les sables, voit le Sinaï, tombe en mer Rouge.

Le thermomètre monte chaque jour, les soleils tournent, les jours, les nuits finissent par se fondre au sein d'une lumière terne et éclatante qui aveugle tous les yeux. L'Armin longe parfois des falaises rouges et jaunes coupées de rares accidents, les repères blancs d'un tombeau de saint homme, d'une maison écroulée. On se croirait dans la planète Mars : ce sont les limites marines du désert.

Les poissons volants filent sous l'étrave comme des grenouilles. A l'approche de certaines côtes volent dans la mâture des oiseaux singuliers.

Les péninsules s'étalent sur l'eau comme des mains et on voit dans le lointain les hautes épines dorsales de ces morts. La mer est bombée comme une tortue, ses volutes se défont et respirent avec un bruit de vapeur évadée. La mer a des mouvements d'animaux en gelée, elle gonfle, étire, rétracte, souffle un protoplasme vitrifié. Elle ne ressemble pas à une femme capricieuse, mais à la plus primitive des bêtes.

Des palmiers bas sur pattes comme des bassets, des grues métalliques, des toits rouges apparaissent un matin. Cette apparition est l'escale de Port-Soudan. Le long des quais des bandes de requins se retournent maladroitement sur le dos et quêtent de la nourriture comme des ours, éblouis le soir par le feu du projecteur ils dansent des ballets de guêpes : ils ressemblent à tous les autres animaux.

Les employés des douanes britanniques montent la garde entre les parois de longs couloirs bordés de caisses d'essence, à l'orée desquels on aperçoit des rideaux de paille blanche et rouge, un ciel noir habité par des nébuleuses torrides, des vautours et des lampes à arc.

On essaye de descendre à terre : les forçats avec leur gros boulet à la cheville empierrent les rues, arrosent des arbres de cinquante centimètres. Des Soudanais vendent des porte-cigarettes en ivoire, des colliers pour les femmes, des fouets de cuir. Quand on a bu sur des tables de tôle, on rentre pour ne plus voir les fonctionnaires jouer au bridge sous les vérandas de leurs maisons, des femmes à leurs côtés. Alors il est impossible de soutenir le poids des airs aigres-doux de bagpipes que joue à longueur de soirée l'opérateur du sansfil : il tente d'attirer pour ses compagnons de chaîne des fantômes écossais capables de peupler le creux des mers tropicales. Je ne suis pas là pour des séances de spiritisme.

Accroupis à l'arrière, les lascars de l'équipage parlent à voix basse, à toute vitesse, tard dans la nuit.

Les ailes du ventilateur, ce hanneton, chassent comme des feuilles les cartes du mort étalées sur la table, des mains humides de sueur les ramassent parmi les brins de raphia, les taches d'huile, l'urine des moutons débarqués.

On repart au milieu de la grande rue marine de la mer Rouge, loin de cette lourde escale où l'on fut déjà envahi par l'état tropical. L'état tropical : une fureur inépuisable et parfois, un grand dérèglement sexuel. Trois, quatre navires par jour suffisent à peupler cette route déserte.

Le matin du trente-quatrième jour, une pyramide violette qui monte la garde se hisse sur le dos de l'océan Indien. Elle augmente de minute en minute comme les plantes que les fakirs font pousser rien qu'en les regardant. Jeu de pavillons. Le pilote et le docteur arrivent, les machines marchent au ralenti. On découvre des maisons qui prennent peu à peu la taille des terriers où habitent les hommes, une ville à l'ombre de rochers éclatés. L'ancre tombe, une fumée de sable s'épanouit dans la mer : 12°45' de latitude Nord, 45°4' de longitude Est : c'est Aden.

Je suis arrivé. Il n'y a pas de quoi être fier.

VI

Au bout d'un mois de mer, de coups de vent, de haltes, de secrets chuchotés sous les vents, je commence à comprendre des parties de ce voyage. Qu'est-ce qui lui arrive ? C'est une fusion de ses légendes, avec ce peu d'eau grise du printemps, ces légendes sur le bienfait du départ, sur les bénéfices du départ, sur les bénéfices d'inventaire — car il paraît que les voyages sont un inventaire, Duhamel me l'a dit quand j'allais prendre le train, je me demandais si je ne ferais pas mieux de donner mon billet à un pauvre —, légendes sur le salut, sur la liberté censée courir les mers, sur les gentilshommes de fortune. Encore dois-je laisser de côté le pavillon noir, je ne sais pas ce qu'il vaut, après tout, je n'ai tué personne.

Je suis tranquille derrière mes stores de roseaux, mes colonnes carrées, sur un fauteuil taillé par un forçat. Pensons à mon départ. J'avais peur, mon départ était un enfant de la peur. Quand je regarde de cette latitude abritée par le Cancer les années où j'ai eu vingt ans et dix-neuf ans, comme on a la grippe et la typhoïde, avec le même plaisir, je vois une sale peur engendrant tout ce qu'un cœur peut sécréter de fausseté et d'erreurs. Je ne suis pas plus fin qu'un autre : j'ai fui. Le premier mouvement de la peur est de fuir. On peut insulter cette lâcheté, les insultes n'empêcheront pas les jeunes gens de prendre les lézards pour des sauriens sortis de la préhistoire. Le jour où les sirènes lâchent leurs aigrettes de valeur et leurs cris d'accouchées sur les échos des docks, ils attendent en échange de ce qu'ils abandonnent une liberté inconcevable des forces nues, et restées nues depuis Adam.

Mais quels cadeaux fait l'océan quand les jours ont passé, quand on a coupé tant de fuseaux horaires qu'on s'embrouille dans ses calculs si l'on veut savoir ce que font les amis à Paris, s'ils dorment ou s'ils mangent ?

On peut dire qu'on est hors d'atteinte, matériellement invulnérable. Il ne faut pas chercher midi à quatorze heures : cela signifie quelque chose de tout à fait simple et important, que les armatures de l'ancien esprit sont perdues et qu'il faudra lui en trouver d'autres : il ne vit pas sans squelette. Cette seconde naissance ne va pas de soi.

Les armatures de l'esprit sont des objets en bois, en métal, en protoplasme, en verre, en tissu, des cubes, des sphères, des vivants, des boîtes, des moteurs, des apparitions visibles, des formes qu'on touche, des airs bruyants. Soudain on cesse de tomber toutes les cinq minutes sur des chevaux, sur des journaux, des automobiles, des joues de femmes, des bâtiments corinthiens, des personnages décorés de la croix de guerre, des rayons de bibliothèque, des tickets de métro, de tomber sur sa vie.

On eut aussi un corps : provisoirement il vous reste. Mais provisoirement : il faut l'empêcher de s'échapper.

Quels limbes sur la mer, quel oubli, quelle respiration dormante, quelle atmosphère de tables tournantes, il y a des fantômes de tous les côtés, le grand être blanc d'Arthur Gordon Pym vous attire. Quand les savants iront vous dire que les sirènes sont des dugongs, je leur rirai au nez, puisque c'est vrai : il y en a à tous les coins de vagues, dans toutes les cachettes de l'écume, et aussi Nausicaa, voir les Lotophages, voire Circé et ses merveilleux charmes. Impossible d'entendre les voix des machines parlantes de la famille, de saluer les gens avec lesquels on avait un commerce de colère, de méfiance, d'hypocrisie. On dort : les idées, les pressentiments usés jusqu'à la trame, les ruses attachées aux objets des départements s'enfoncent comme les derniers îlots du pays de Galles au fond d'une distance qu'on n'aurait pas le courage de franchir deux fois.

Personne enfin pour réprouver ces omissions et ces absences — essayez donc d'oublier vos souvenirs civiques filiaux, vos devoirs fraternels, dans vos arrondissements et vos sous-préfectures.

Tous les aliments qui nourrissent l'homme d'une autre manière que les albumines et les hydrates de carbone, tout son régime est renouvelé. Les alentours qui glissent, des pans qui se décalent, se rident, s'enroulent vers le zénith, une boule se dilatant par surprise à l'intérieur de laquelle se passe un échange de fumées, de fusions, de signaux, d'ondes électriques : où accrocher encore les vieilles habitudes terribles ? L'héritage terrien, les images urbaines, les façons continentales, tout est soudain perdu.

Plus de solides que ce navire moins solide qu'on ne croit, poisson facile à délivrer de ses repères. Sur les planches de la terre tout est lié à des objets résistants assez fidèles pour qu'on ne regrette pas d'avoir appris à l'école la géométrie dans l'espace et la mécanique des solides. Les jambes mêmes n'ont pas de souci avec des histoires d'équilibre.

Tout d'un coup le corps doit se mettre à l'étude de ses mouvements, il a un an, il faut qu'il invente sa position chaque fois que le vent tourne, en même temps qu'il perd sa peau au grand soleil des tropiques. Il pèle et il tombe : où l'esprit trouverait-il le temps de penser à mal ?

On ne pense plus qu'à des événements simples mais essentiels, quand les membres et les yeux ne rencontrent plus qu'un nombre dérisoire d'objets à formes régulières : un pont tremblant de vibrations et de vagues, deux mâts, une antenne, un compas, une machine Diesel.

Quant au fameux secret caché dans les navires, celui qui les habite ne le trouvera pas. Un escalier de fer glissant d'huile avec des marches coupantes comme des os descend dans le gros ventre de la cale. Où mène-t-il vraiment ? se demande-t-on les premières nuits. Au-dessous de ce niveau de la mer qui n'existe pas plus que le niveau d'une poitrine, d'une hanche ? Vers les fosses ? Pourrait-on continuer vers ces refuges d'extraordinaires poissons avec des abdomens soufflés et des yeux au bout d'antennes, vers les pavillons rouges et verts des algues ? Ce serait changer d'air dans des sortes de prairies pour hippocampes, araignées de mer, anémones. Mais on arrive dans une étable de fer bouillant, secoué par les coups des machines, le pouls de la vapeur. C'est le monde, avec ses fermetures à droite et à gauche, ses planchers, ses plafonds, il y a des piliers de métal rouge, des tuyaux, des membrures comme à l'intérieur d'un thorax, des ruisseaux avec des arcs-en-ciel de pétrole, des lampes qui se balancent comme des pendules. Espérez-vous monter jusqu'à Saturne en poussant à bout l'escalier de la tour Eiffel ? Haut et Bas. Ne pas renverser : le monde n'est qu'une caisse. Il faut penser sérieusement qu'on ne peut pas monter dans le ciel, descendre sous les eaux, sans avion, sans scaphandre et ces violations mécaniques ne durent qu'un temps. Voilà en somme une signification de la vie humaine : les hommes ont à tenir compte des renseignements sur la densité, sur la direction de la pesanteur : cela ne les empêche pas de vivre, cette fatalité n'a réellement pas plus d'importance pour leur bonheur que le fait d'avoir quatre membres et une tête seulement : ils finissent même par en retirer du plaisir lorsqu'ils ont saisi que l'expansion de l'homme et son enrichissement ne sont peut-être pas naturellement illimités.

Le fond d'un bateau, petit monde au sein d'un grand monde fermé, comme les parois du monde, limite toutes les fantaisies. Le corps vit au-dessus des cales dans une indolence et une impatience sans destination.

Tout cela dessine les figures diverses de la paresse et de l'oubli. Sur la mer, liberté égale seulement absence.

Mais l'oubli n'est pas l'autre nom de la liberté. Revenons, la liberté compte seule. Sur les quais européens de Glasgow où — c'était le temps de la grève charbonnière — les hommes ne mangeaient pas tous les jours à leur faim, il était question de miracles, d'événements, de ce qui serait une rupture et la promesse de véritables réincarnations. J'avais l'impression que la vie humaine se découvre par révélation : quelle mystique. Mais les gens de mon âge vivaient dans l'attente de n'importe quoi, des fameux coups de foudre de l'aventure : bonnes histoires de nos gardiens.

Les événements ne se rencontrent pas aux tournants des routes, les virages ne sont pas des mines d'or, il n'y a pas une route vide comme la plaine champenoise, et monotone, sans villages, et puis soudain quand personne n'y pense, quand rien ne sert de présage, derrière un pan de rocher, ce que l'on attendait et qui n'a pas de nom. M. Barnstaple passa seul un samedi après-midi sur une telle grand-route.

Ceux qui font des découvertes, ceux dont on dit en repassant l'histoire de leur existence qu'ils n'étaient pas nés pour rien, trouvez-les parmi les hommes prudents, sédentaires, qui savent rester éveillés patiemment, qui demeurent longtemps quelque part et chassent avec précaution : le vrai s'abat dans un affût, ce n'est pas une carte qu'on retourne un soir dans un jeu de hasard où tout coup peut être gagnant. Si vous voulez vivre, il faudra retrouver la persévérance. Vous voulez vivre et vous filez comme des morceaux d'astres dans votre nuit. Il faudra une attention de vos jours et de vos nuits. Pendant que vous dormez, tous les êtres peuvent mourir. Pendant que vous courez, vous-mêmes pouvez mourir.

Les voyageurs sont condamnés à ne voir des maisons où vieillissent les hommes sédentaires que des murs de toutes les couleurs, avec des curiosités simplement architecturales. Je fus ce voyageur : circuler sur de petits vapeurs écaillés, sur des dhows indigènes de l'un à l'autre bord de ce profond canal des enfers, rebondir sur les remparts de l'Afrique et de l'Arabie — ces mouvements du désordre n'imitent pas longtemps les allures de la liberté. On sent une espèce de boule de métal qui tourne à l'intérieur de la vie : elle heurte les organes, plus on les remue, plus elle les blesse.

Les fenêtres sont fermées devant les voyageurs parce qu'ils se croient obligés de conseilller le départ et le voyage partout où ils vont, tout le monde sait naturellement qu'ils sont les ennemis de ceux qui savent séjourner longtemps dans une même chambre, les êtres sont fermés pour eux comme des globes étanches. Ils continuent à avancer en attendant le bonheur de la bienveillance du hasard comme si ce mélange de causes embrouillées était un dieu qui distribue des récompenses : mais un homme entêté, en qui l'attachement volontaire à un lieu et à un genre particulier d'action, une méthode constante ne détruisent pas les passions peut être puissant sur ces causes et les démêler. Il faut donc, pour DEMEURER, pour dire ma demeure sans rougir, aimer la puissance véritable. Les vrais voyageurs et les vrais évadés sont des témoins dérisoires d'une impuissance humaine.

Il n'y a que de maigres vérités dans les expressions proverbiales, mais quand on dit aux enfants que les alouettes ne tombent pas rôties dans la bouche, on leur communique une sentence efficace, cette pensée simple que les événements ne tombent pas du ciel.

Les voyageurs ne possèdent plus pour assurer leur vie que la surface du corps, la peau avec ses organes du chaud et du froid, la vue, l'odorat, l'ouïe. Ils ne quittent pas le désœuvrement pour rencontrer l'amour lui-même, les femmes leur sont interdites. Elles ne courent pas les routes : pas de vivants plus attachés et plus patients que les femmes qui poursuivent en bougeant à peine des actions très profondes dont elles ne savent presque rien, je connais une femme qui ignore qu'elle a des ovaires et qui a des enfants. Ils couchent parfois avec celles qu'ils trouvent à portée de leurs mains, troublées par chance et ouvertes comme l'on dit que les juments en chaleur étaient offertes aux semences des vents, mais elles ne les suivent pas, elles sont trop absorbées dans leurs travaux éternels. Ils ne les possèdent pas ni ne sont possédés, ils n'ont qu'un usufruit de corps hostiles à ces impatients.

Quelle patience eût-il fallu pour gagner et connaître cette femme assise au soleil dans le jardin de Gezireh, le long du Nil.

Voyageurs, devenez de plus en plus vides et tremblants, malades de l'agitation de votre mal, vous aurez beau jeu de vous rassurer en répétant que vous êtes libres, que cela au moins ne vous sera pas enlevé. La liberté de la mer et des chemins est tout à fait imaginaire : au commencement des voyages, elle ressemble à la liberté parce qu'elle est comparée à l'esclavage horrible de la vie qui précédait la mer. Mais voici ce qu'elle est : une licence de certains mouvements physiques ; plus de contrainte à des gestes que d'autres ont voulus. Une aisance inconnue. Les routes de terre et de mer ont une faible densité d'habitants et ceux qui vivent sur elles ne sont pas des gens à prescrire et à défendre tel ou tel mouvement. Les membres peuvent réellement se mettre à l'air, se donner de l'air : nul geste qui soit encombrant, ou inconvenant, ou obscène, pas de foule que le coude puisse heurter, aucun de ces gestes honteux que font les êtres de la foule, comme de presser sournoisement les hanches si larges d'une femme, de se regarder à la dérobée dans tous les miroirs des rues pour contrôler son personnage, comme de cracher vite, et en se détournant, dans un mouchoir. Vous pouvez uriner librement dans la mer : nommerez-vous ces actes la liberté ?

La liberté est un pouvoir réel et une volonté réelle de vouloir être soi. Une puissance pour bâtir, pour inventer, pour agir, pour satisfaire à toutes les ressources humaines dont la dépense donne la joie.

Les voyageurs sont comme les autres tirés de toutes parts par les puissances qu'aucun objet ne satisfait, par l'amour sans amant, l'amitié sans ami, la course sans parcours, le moteur sans mouvement, la force qui n'a jamais d'actualité : il n'y a pas d'objet, de dessein, d'occasion. Libres comme les sages qui paralysent une par une les parties de l'humanité et qui appellent sagesse cette mutilation : il est grandement temps de n'être plus stoïques, vous n'aurez pas de ciel où rattraper le temps.

Fuir, toujours fuir pour ne plus penser que vous êtes mutilés ?

Je n'invente pas des contes littéraires : j'ai connu un soldat de coloniale envoyé aux sections spéciales du Cap Saint-Jacques, qui disait à ses juges empesés de galons : « Je ne peux pas ne pas céder aux crises qui me prennent, à ces fugues qui sont les seules fautes que vous ayez à me reprocher. Il faut que je fuie. C'est la seule explication que je puisse donner de ce que vous appelez mon inconduite habituelle. »

Je suis donc en mer. Je pense ces choses sur la mer pour lui rendre justice, être juste contre elle et pour elle.

Il y a cette absence, ces disparitions, ces éclipses des humains attirés par l'accostage du navire comme des hannetons par une lampe, le soir à la campagne, puis disparus, fondant dans le tremblement de chaleur des quais de corail.

Il y a une grande existence identique et pesante, un monde posé contre nous, sans visage, écrasant les battements du cœur qu'on écoute. La mer et les déserts, l'élément mobile comme le feu et l'élément apparemment immobile, ces êtres sans voix, sans bouche, sans regard, défigurés par les brûlures ne conspirent même pas contre l'homme : ils ne sont pas de son parti, ils ne sont pas ses adversaires : à peine parvient-il à les penser à force de mesures par la géométrie et les calculs qui traitent d'étendues inflexibles : la science est simplement ce qui nous empêche de nous sentir perdus. Mais les images, les désirs, les idées tombent les uns après les autres comme des mouches tuées par les approches de l'hiver.

Liberté ? Ce n'était pas ce vide que je cherchais, mais une puissance véritable.

Et les marins qui voyagent comme un menuisier scie des grumes ? Il y a encore des marins, sur la mer, qui sont humains parfois.

Le capitaine Blair produit des actions réelles, quand il faut, il monte sans y penser jusqu'à une espèce de sublime professionnel, sans se dire que le moment est venu d'être sublime. J'ai connu un poète qui avait été pilotin ; il sauvait son âme éternelle chaque fois qu'il lançait un seau d'eau sur les planches du pont, le matin à cinq heures. Blair ne croit pas sauver son âme, mais Blair commande. Il lutte contre les sautes de vent, l'arrivée des grains, des courants, se méfie des lignes de récifs. Il va régulièrement d'incident en incident sans aucune complaisance pour lui-même, sans aucune idée lyrique des océans. Il connaît qu'il arrive des moments où il ne faut pas se tourner les pouces, mais décider et ordonner parce que tout dépend de la vitesse et de la sûreté d'un petit nombre de mouvements. Il est beau à voir : on l'imagine criant au directeur et au propriétaire de sa compagnie, comme le patron de la Tempête : « Silence, vous autres ! A vos cabanes ! » Quand son bateau est neuf comme l'Amin, Blair apprend à connaître un objet : savoir comment les pompes à mazout fonctionnent, comment cette carcasse obéit aux tours du gouvernail à vapeur, comment elle se comporte à la lame. Il écoute les bruits du navire comme un cœur, jusqu'à le connaître comme une femme, jusqu'à s'en dégoûter comme d'une vieille épouse.

Il est complet quand il fait un métier d'homme qui a des ennemis dans les cartes, les couleurs des fonds, les directions colorées des eaux. Alors il a autant de corps que l'équipage a d'unités. Il faut voir aussi un contremaître de chaudronnerie commandant son équipe devant la presse à emboutir les grosses pièces, ou encore un chirurgien qui opère. Sans aucune analyse qui les sépare de leur action. Blair est ainsi, vivant tout le temps que dure son acte : mais il n'en sait qu'un, c'est son malheur. Le reste du temps, il n'y a pas tous les jours des tempêtes, des ports difficiles, il s'emmerde, il regarde son cargo comme une cellule, il n'arrive pas à se consoler en traitant la mer de putain. Les sentiments de la mer le secoueraient de son rire écossais : c'est une matière instable difficile à traiter, dure à comprendre, c'est un mauvais cheval. Elle peut tuer d'une mort humide et pourrie celui qui l'oublie à la seconde où il faut se souvenir de ses façons. Blair ne descend même pas à terre pour contempler les paysages : il a fait vingt-cinq ou trente fois escale à Massaouah et il ne cherche pas à savoir que c'est la plus belle baie du monde avec son cirque de montagnes, ses eaux jaunes et plates qui traînent des rivières de sable jaune, des amas d'herbes comme l'Amazone, et les débris de cet arbre que j'appelle le Flamboyant. Mais il sait que le cheb, ou la bande des coraux, s'étend là jusqu'au milieu de la mer Rouge. Les instructions nautiques lui disent que ce dédale de rues, de passages, de sentiers sous-marins changent d'année en année. Il voit l'écume des lignes de brisants, mas il n'admire pas les prairies de zoophytes à vingt-cinq mètres de lui avec leurs bourgeonnements, leurs inflorescences. Il sait seulement que la navigation n'est pas commode : son action est dirigée là où elle possède tout son efficace.

Tous ces marins se morfondent à périr, Blair, qui pense à ses enfants morts, aux sous-marins allemands que son patrouilleur poursuivait dans les brouillards glacés de la mer du Nord vers l'automne 1917, Beaton, Hiddleston l'ingénieur qui ne rêve que d'un embarquement sur un paquebot, comme un fonctionnaire veut monter d'une classe. Tous les marins diffèrent moins qu'on ne pourrait le croire des voyageurs de commerce qui font une région française dans une six chevaux Renault.

Je vous dis que tous les hommes s'ennuient.

> *Aden, Makalla, Mascate sont au nombre de ces enfers que mentionnent les dictons des marins.*
>
> ELISÉE RECLUS,
> *Nouvelle Géographie Universelle*
> IX, 856.

VII

Mais seule l'expérience pouvait apprendre à celui que je fus qu'un mouvement dans l'immense matière anonyme ne remédie pas à des désordres qui n'ont aucun rapport avec ses dimensions : l'étendue ajoute même les siens.

Les plus clairvoyants des voyageurs se rendent compte à leur première escale de la vérité des voyages. Partis pour Singapour, pour les îles Marquises, ils la découvrent avant d'avoir vu passer les Lacs Amers et les squares désolés de Suez. L'entêtement ou des nécessités étrangères à leur volonté et à leurs vœux peuvent seuls les contraindre à un itinéraire où il ne leur reste plus à attendre que des malheurs.

Moins clairvoyant, oubliant le vertige même auquel j'avais voulu échapper, je vécus à Aden, « ville célèbre et ancienne ».

Samson, dans sa géographie, en 1683, écrit de beaux contes : « Zibit, près de l'extrémité de la mer Rouge est belle, bien bâtie, riche et d'un grand négoce en drogues, épiceries et parfums. Elle a été capitale d'un royaume dont le Turc s'est emparé il y a près de six vingt ans, comme il a fait en même temps d'Aden, en faisant pendre le roy de celle-ci au mât de son navire et couper la tête à l'autre. Aden est la plus belle ville et la plus agréable de toute l'Arabie : elle est fermée de murailles du côté de la mer et de montagnes du côté de la terre. Dessus ces montagnes il y a plusieurs châteaux en très belle vue. Elle a bien six mille maisons. Elle est assise au-dehors de la mer Rouge et au commencement de la grande mer. »

Quelle impatience lorsque je lisais à Paris des histoires sur la ville où je devais vivre, trois ou quatre mois avant mon départ : de ma chambre j'entendais les enfants crier dans la rue d'Ulm : « Chat perché », disaient-ils. Les taxis changeaient de vitesse. Les coqs de la rue Rataud chantaient la pluie à deux heures de l'après-midi. Un loriot restait des heures se balançant comme un imbécile à la pointe d'un fusain, un merle sifflait la première mesure de *la Marseillaise*. J'étais enragé, j'attendais la nuit pour courir dans les rues de la montagne Sainte-Geneviève.

Et voici ce lieu si beau qu'il fait mourir.

Aden est un grand volcan lunaire dont un pan a sauté avant que les hommes fussent là pour inventer des légendes sur l'explosion de cette poudrière. Ils ont fait la légende après : le réveil d'Aden qui conduit à l'enfer annoncera la fin du monde.

Un tronc de pyramide recuit et violacé dans un monde bleu, couronné de forts turcs en ruine, une pierre entourée de vagues concentriques lâchées par l'oiseau Roc au bord de l'océan Indien, un terrain d'aventures pour Sindbad le Marin, né à la grande péninsule arabique par un cordon ombilical de salines et de sables, sous un atroce soleil que les hommes ne sont pas arrivés à prier.

C'est entouré de déserts d'eau couverte de méduses qui amènent des poissons, des couteaux, des casques, des bâtons : entre Ras Marshag et Kor Maksar s'étendent des bancs de coquilles et de squelettes de poissons insolites comme des nervures desséchées de feuilles. « Lors du changement de la mousson... dit Reclus, des milliers de poissons morts de toute espèce sont rejetés par la vague sur les côtes de Périm et d'Aden. »

Des déserts de pierre ouvrent le Yémen au pied d'un massif rouge flottant presque toujours entre des nuées de lessive. Ce massif cache les champs de l'Arabie heureuse, les jardins et les palais de Sana, les populations serrées de plus d'une ville légendaire.

Des chemins de ronde fortifiés dominent les passes dans le rocher entre la ville indigène et la ville britannique, il y a des tunnels noirs où circule l'odeur d'ammoniaque des excréments, des villages de tombeaux, des villages de maisons ; des citernes de métal pleines de pétrole, des casernes regardant la mer, des hangars d'avion, des clubs, des missions, poussière de la chrétienté en morceaux, une loge maçonnique, ce qu'il faut au bonheur.

Les chemins pierreux portent des chameaux qui traînent des tonnes d'eau, des voitures de vidange, des autos américaines conduites par des Somalis à turban, des soldats anglais et hindous, des peuples mélangés. Aden fut toujours marché et place forte : emporium, vetissumum oppidum Aden, dit Claude Morisot en 1663.

Aden bourdonne comme un grand animal rugueux couvert de mouches et de taons, roulé dans la poussière. Les ruelles du Bazar serrent des foules entre les murs des échoppes, les pièces de soie sortent des métiers à mains comme de beaux serpents de couleur, les changeurs banyans assis, en redingotes luisantes, sur le pas de leurs portes font rouler d'une main à l'autre des piles de roupies, de souverains et de ces dollars Marie-Thérèse avec lesquels les Anglais achetèrent vers 1839 les environs de la presqu'île.

Accroupis à la porte de petits cafés enfumés, les hommes bienheureux fument des pipes à eau, raniment leurs charbons. Ils ont quelquefois le dos recouvert de ces ventouses faites d'une corne de chèvre, qui aspirent le mauvais sang des maladies. Les cafés ont une place énorme. C'est un des lieux où l'on atteint le Kief. On peut lire les récits des vieux voyageurs : les cafés au moins ne changent pas. Niebuhr qui fut en Arabie vers le milieu du XVIIIe siècle les décrit :

« On n'y voit pas d'autres ornements que des nattes de paille étendues par terre ou sur des banquettes de maçonnerie. Sur le foyer de la cheminée, il y a des pots à café de cuivre bien étamés en dedans et en dehors avec bon nombre de tasses. On ne sert pas d'autres rafraîchissements dans ces cabarets orientaux qu'une pipe de tabac à la turque ou à la persane et du café sans lait ni sucre. Ainsi on n'y a aucune occasion de faire de la dépense ni de s'enivrer : les Arabes étant aussi sobres dans ces tavernes qu'ils l'étaient anciennement lorsqu'ils ne buvaient que de l'eau... Ils n'aiment pas la promenade et ils restent souvent des heures entières à la même place qu'ils ont d'abord prise sans dire un mot à leurs voisins. Ils s'assemblent par centaines dans ces cafés. J'avoue que j'ai peu fréquenté ces maisons. Les marchands d'Europe qui séjournent dans les villes d'Orient n'y vont pas du tout. Les autres voyageurs ont encore moins envie de passer des soirées entières collés à la même place surtout quand ils n'espèrent pas d'entendre quelque chose qui les amuse. » Beaucoup de travailleurs indigènes n'ont pas de domicile et couchent en plein air ou dans ces cafés.

Les Somalis y font en criant des parties sans fin de dominos. Tous les nègres ressemblent aux gens de Marseille, de Toulon.

Les enfants de l'école musulmane crient leurs versets dans leurs classes ouvertes comme des boutiques, ils n'en sont pas troublés. Des mendiants circulent. Partout on conclut des marchés muets : il y a un code de signaux faits par les doigts qui se touchent sous un pan d'étoffe : les cris arrivent après la conclusion de l'affaire.

Sur cette vie s'épanouit l'odeur rance, beurrée, poivrée, parfumée d'encens, de bois aromatiques, cette odeur magnifique, inoubliable de l'Orient.

Les Blancs et les banyans cachés dans leurs tanières hygiéniques travaillent sous les ailes des ventilateurs dans leurs bureaux où des indigènes silencieux marchent pieds nus entre les tables, les machines à écrire inscrivent sans relâche un petit nombre de signes noirs. L'existence des gens de nos pays consiste à les combiner, les défaire, les recombiner. C'est un jeu de fous. Dehors sous les chutes de soleil des troupeaux de moutons descendent vers les docks, têtes noires, têtes rouges, portant leurs grosses queues courtes pleines de graisse.

Dans le grand port ouvert entre Steamer Point et Ma'ala, il y a un grand mouvement de navires : les paquebots de la P. and O., des Messageries Maritimes, s'ouvrent une voie dans un taillis de cargots dépeints, de pétroliers, de vedettes, de boutres aux châteaux coloriés comme des caravelles, d'un bleu, d'un vert si beau dont les reflets grouillent sur la mer comme des couleuvres. Sur ces paquebots montent pendant les heures d'escale les femmes et les hommes de la colonie : les femmes vont chez le coiffeur, les hommes vers le bar.

Le pétrole coule entre deux eaux dans de gros tuyaux articulés comme des serpents de mer, les seuls authentiques. Il va nourrir les réservoirs des navires.

Aden, il n'y a pas si longtemps, était une station de charbonnage ; les chaudières à mazout ont amené à leur suite les citernes noires de l'Anglo-Persian et de l'Asiatic-Petroleum, des bureaux, des docks, des intrigues qui troublent le cœur des petits souverains indigènes, devenus marchands d'huile et acheteurs d'essence pour autos. Un peu partout se propage une petite guerre pour les concessions. Ainsi Aden se conforme encore à son destin. En Arabie l'odeur des cuirs, l'odeur chaque mois plus insolente du pétrole remplacent l'odeur du café de Sana et d'Harrar. Ce changement de prétextes ne change pas les conséquences humaines. On lit dans Reclus : « Pour étendre les caféteries, des guerres européennes ont été entreprises, de vastes territoires ont été conquis dans le Nouveau Monde, en Afrique, dans les îles de la Sonde ; des millions d'esclaves ont été capturés et transportés dans les plantations nouvelles : une révolution s'est faite, entraînant avec elle des conséquences incalculables par leur complexité où le mal se mêle au bien, où les tromperies, les guerres, l'asservissement de populations entières, les exterminations en masse accompagnent les échanges du commerce... »

Dans les entrepôts de Ma'ala et de Somalipura les sacs de sucre et de riz, les balles de cuir de bœuf et de peaux de chèvres, les caisses d'essence timbrées d'un ours, d'une gazelle, montent jusqu'aux toits de tôle ondulée. Les manœuvres arabes travaillent et chantent les airs du travail dans l'étuve calcinée des magasins. Ils ne savent plus leurs gestes si le rythme est absent.

La sagesse des nations approuve tant de détours, de

contrats, de pesée, d'esclavages profitables. Mais qu'en pense la Sagesse qui n'appartient pas aux nations ?

Quelle drôle d'idée d'avoir pris racine sur ce rocher. Partout ailleurs les humains s'accrochent aux points d'eau entourés d'arbres et de champs qu'on irrigue. Mais dans ce pays sans fontaines ils boivent la précipitation de rares pluies, les eaux distillées de l'océan Indien. Des navires ramènent des cargaisons d'eau puisées dans le canal d'eau douce à Suez. Les orages que les habitants titubant de sommeil contemplent de nuit comme une procession, emplissent parfois les cuves profondes des citernes de Cléopâtre plus mystérieuses que les catacombes.

Les hommes sont faits pour les ancrages : c'est en tout lieu leur sagesse, c'est ici une folie noire et volontaire. Ils savent bien partir sur les plus longues routes de leur globe aplatis comme les melons d'eau : à peine débarqués aux escales, ils se cramponnent au moindre tas de sable. Ces perceurs de murailles perforent les rochers pour y faire des trous, menés par des desseins obscurs. Ces desseins, vous les nommez ici guerre, commerce et transit : croyez-vous que ces mots excuseront tout jusqu'à la fin des temps ?

VIII

Dans cette mixture de l'Orient et de l'empire britannique, je sentais chaque semaine, chaque soirée s'accélérer un vertige dont je n'avais pas prévu l'existence surprenante.

C'est le vertige même des hommes qui viennent de détruire leurs habitudes et qui n'ont pas tout perdu dans cette victoire à la Pyrrhus.

Je m'apercevais que je n'avais pas acquis d'habitudes, j'étais propre. J'avais des habitudes de traduction, de déchiffrement, d'analyse logique, quelques coutumes de l'intelligence. Mais mes actions ne marchaient pas avec des béquilles. Les seuls groupes qui m'avaient accueilli étaient scolaires, universitaires, familiaux : tout cela était profondément inutile pour quelqu'un qui tombait du lycée dans des histoires de pétrole et l'existence mauvaise des grandes personnes.

Je me cherchais en vain des obligations, ces habitudes que personne ne comprend, ces dieux imaginaires dont l'ombre s'étend sur tous les cœurs.

Par hasard j'étais sans chaînes et sans tribu dans une foule où chaque passsant reconnaissait les siens, et pouvait échanger des rites contre des rites, des mots de passe et des mots de ralliement.

Cet échange militaire fournit aux hommes une de leurs illusions du bonheur et toutes les illusions de la vie, de la défaite, de la paix et de la guerre. Il les empêche de se rendre compte tous ensemble, et tout d'un coup qu'ils marchent dans leur existence comme des chiens dans un jeu de quilles.

Pour moi, rien de prescrit, rien d'interdit, ni viande, ni vin, ni vêtement, ni femme de telle ou telle caste, ni modestie, ni débauche. Personne à adorer, à fléchir en priant, à remercier par des offrandes. Dans cette absence des dieux et des anges, j'étais dépouillé des symboles de la piété et des lois, des catéchismes, des cultes, des mots d'ordre. Les actes ne me semblaient pas plus moraux que le mouvement des feuilles dans un arbre. Je vivais dans la nature, les hommes, les bêtes, les objets en faisaient partie sans transfiguration. Un vautour était un vautour, une vache était une vache, le drapeau du consulat de France une étoffe. Je ne devais pas porter une coiffure en forme de sabot de vache, un turban de la longueur d'un linceul : il faut saisir qu'un casque de liège ne concilie aucun peuple, aucune divinité, qu'un costume de toile blanche est simplement celui qui absorbe le moins les rayons : l'Européen colonial ne saisit pas les larges limites que lui découvrirait l'intelligence de ses vestons tissés mécaniquement et réduits à des fonctions véritablement physiques.

Enfin je flottais dans une mer de prescriptions, de codes et de machinations religieuses comme un poisson entre deux eaux.

Les autres vivaient par clans, par religions, par couleurs de peau, par nations, par clubs, par maisons de commerce, par régiments. Ils passaient leur temps à inventer des subdivisions, des cloisons, des échelons sur lesquels ces singes montaient et descendaient. Ils se regardaient aussi comme des détachements en campagne. Dire que ces fous auraient pu aimer des hommes, qu'ils n'étaient faits que pour cela ! les Arabes haïssaient les Juifs, les membres de l'Union Club méprisaient ceux de l'International Club qui admettait les ingénieurs italiens des salines, les fabricants grecs de cigarettes dont aucun officier de l'artillerie britannique ne saurait parler sans rire.

Il y avait un jeu inextricable de distances sociales où tout ce monde se glissait et se reconnaissait avec une dextérité merveilleuse, des degrés hiérarchiques au bas desquels se trouvaient sans doute les Juifs humbles et crasseux qui habitent autour de la synagogue où ils vont se consoler de bien des affronts en priant le dieu des vengeances, les épaules entourées d'un thaless poétique comme la nuit. Au sommet de la pyramide il y avait l'agent de la Peninsular, deux ou trois commerçants puissants dans la mer Rouge, les officiers, le gouverneur, et dans le Crescent, à Steamer Point, la statue assise de la grosse reine Victoria avec ses joues pendantes, ses petits yeux coincés d'ivrognesse.

On comprend bien des choses si l'on sait que chacun de ces hommes devait être enterré selon les rites de sa bande, avec tout ce qu'il peut y avoir de prières : catholiques, juives, puritaines, presbytériennes, méthodistes, parsies, jaines, musulmanes. Il y avait des morts qu'on déposait dans un lit de rochers, d'autres qu'on brûlait, d'autres qu'on abandonnait à la cuisson du soleil et au bec courbe des vautours. Aucun mort ne disparaissait d'une manière vraiment raisonnable, dans un véritable néant où il n'eût été prétexte à aucun rite.

C'est l'un des pistons de l'immense machine appelée commerce.

BALZAC,
Modeste Mignon.

IX

Je vois d'ici Aidrus road, montant vers la grande mosquée Aidrus blanche et verte, du haut de laquelle le prêtre crie la prière vers les quatre vents de l'horizon au commencement du matin : les autres mosquées répondent des quatre coins de Crater endormi. Les chèvres couchées devant les portes, les indigènes couchés sur leurs bancs de ficelles comme des morts habillés de blanc commencent à remuer faiblement. La rue se termine, divisée par les éperons de rocher, se dissipe en sentiers qu s'enfoncent dans la montagne vers les baies, les carrières, les abattoirs et la Tour du silence, résidence des morts.

Il y a un trafic de passants, de fêtes, de ces enterrements arabes glapissants qui trottent comme des champions de marche. Et toute la journée courent dans la poussière riche de débris les coolies traînant des charrettes chargées de peaux séchées, et leur chant de travail sans couplets. De grandes filles somalies passent, riant aux hommes des deux yeux, un pan de leur voile de saintes vierges entre les dents. Les Indiennes offrent leurs puissants bras nus, des surfaces brunes et élastiques de chair entre leur jupe et le corselet étroit qui bande leurs omoplates et leurs seins. Les deux Américaines de la rue Aidrus marchent avec une gazelle derrière leurs talons. Tous les hommes et toutes les femmes inconnus.

D'une très profonde cour intérieure monte l'odeur des peaux grillées au soleil des hauts plateaux abyssins, sur la pierraille des somalilands, dans ces pays dont les noms feraient travailler l'imagination d'un enfant assis sur les bancs d'une école primaire : Berberah, Ogaden, Dunkali, Harrar, Mogadiscio, Addis Abeba.

Et le bruit de beurre fondu des grains de café sur les claies des trieuses lie tous les bruits.

Dans cette maison de blocs noirs plus puissante entre Suez et le Kenya qu'un ministère d'Europe, il y a le chef, des directeurs, une bande de femmes et d'employés londoniens qui ont le vertige d'être si loin du tramway d'Elephant and Castle, de leurs banlieues de jardins maigres, de leurs trains électriques roulant entre huit et neuf vers Cannon Street et London Bridge. Des gens comme tous les enfants de l'Europe.

Le maître de la firme est un de ces hommes dont le poids empêche ceux qui le connaissent de s'endormir sans arrière-pensée.

Il possède ce que les trois quarts des personnages les mieux doués du sentiment de l'importance n'ont même pas : des adresses télégraphiques à Bombay, à New York, à Marseille, à Londres, un code télégraphique privé. Son pavillon rouge et vert flotte sur des bateaux qui transportent ses marchandises. Sa volonté a l'air de peser sur l'avenir des tanneries et du commerce international des gants de peau. Des agents règnent en son nom dans les ports de la mer Rouge, dans les bourgs de l'Abyssinie, en plein Moyen Age. Son nom est un mot de passe aussi loin qu'à Sana du Yémen et qu'aux frontières du Choa. Il parle haut aux sultans indigènes qui vivent dans les oasis de l'intérieur et les Etats de l'Hadramut.

Il y a de faux hommes d'action : il est l'un d'eux. Il vous dit : « J'ai constamment vécu d'une manière totale, ma vie est une suite ininterrompue d'actions, de batailles données et gagnées. Cette contrée où je suis arrivé pauvre et orgueilleux il y a plus de vingt ans porte les cicatrices de mon action. Elle témoigne pour moi. Elle me reconnaît. » Ainsi, il ment et il se ment.

Pas un seul de ces actes n'a ajouté une parcelle au pauvre qu'il fut et qu'il est demeuré. Il est inachevé, comme un chantier abandonné derrière des palissades brillantes d'annonces. Faut-il prendre pour l'action ses reflets ? Chaque être est divisé entre les hommes qu'il peut être, il a laissé vaincre celui pour qui la vie consiste à faire monter et descendre les cours des cuirs abyssins, et ceux du café sur le marché de Djibouti ou de Dire Daoua, celui qui est vendeur et acheteur de signes : dans l'histoire d'un sac de café, vous ne trouverez que peu d'actions, faire pousser un arbre, boire une tasse. Combattre des êtres de raison comme des firmes, des syndicats, des corporations de marchands : appellerez-vous cela des actions ? Je veux détester et battre tel homme particulier, cette figure de traître que je vois, ce patron, cet avoué, ce chef de bataillon, cet empêcheur de faire l'amour. Sortez de la vie avec vos imitations, avec vos trompe-l'œil qui ne comptent pas dans l'établissement de la vie charnelle, de la justice, de la joie, avec vos fabrications de haine, de défaillance et de colère, vos diminutions et vos images dans l'eau.

Voilà un homme né d'un ventre de femme dont tous les gestes ont été déroulés au fond d'un ciel intelligible, du firmament des changes, des escomptes, cieux cruels au-dessus des bonnes têtes humaines : ils ne s'abaissent vers elle que pour les corrompre et les dessécher comme les petites têtes des momies indiennes. Ces mouvements formaient dans la mémoire de ceux qui l'avaient connu une espèce de guirlande glaciale qui entourait les souvenirs qu'on avait de lui. Le passé dont il tirait une excessive fierté se réduisait au nombre de lakhs de roupies dont pouvait le créditer la National Bank of India.

Croyant agir et préméditer ses actes à son gré il suivait après tout le jeu des forces qui ne tiraient pas de lui leur puissance, et dont les sources, s'il avait perdu le temps de les chercher, auraient pu lui paraître mystérieuses et chargées d'une signification finalement révoltante.

Manier des taux de devises, se pencher sur la valeur du thaler et de la livre comme sur la courbe de température d'un enfant malade, hâter la marche d'un navire pour s'assurer d'un fret, ces songes creux composaient l'idée qu'il se faisait de l'action, les jours où il n'avait pas besoin de séduire autrui.

Il pensait à sa liberté, il parlait d'elle, comme s'il avait été dupe des sentiments qu'il avait inspirés à plus petit que lui : l'envie, le respect de ceux qui lui disaient sincèrement qu'il était libre. Mais la méduse se croit libre, les banquiers, les marchands se croient libres : ils ont aussi cette folie-là, ils ne valent pas mieux que les vagabonds. Assis derrière leurs tables ornées d'un code Bentley, d'un Broomhall, — les employés attentifs comme des soldats sont debout de l'autre côté de la table —, ils font les malins, ils dictent, ils réfléchissent : oubliant que les dictées et les malices sont montées de loin par dix télégrammes chiffrés, par des lettres qui ont fait du chemin pour les attendre. Ils n'y comprennent rien.

Mr C... était donc le porte-voix d'ondes innombrables qui ne trouvaient en lui que de prévisibles échos. Il ne faut pas confondre un homme libre avec un baromètre enregistreur, une machine de Morin et un phonographe. Que de maux peut causer cette confusion lorsqu'il n'est pas question d'enregistrer des chiffres mais des sentences de la sagesse morale, des décisions politiques. Ce qui m'a le plus dégoûté de mes frères c'est de les voir vivre comme des vers : les vers ne comprennent rien à l'attraction universelle, les hommes à leur bon dieu, à leurs désirs, à leurs opérations : tout plane sur eux, et ils croient inventer ce qui plane.

Il ne fallait pas beaucoup de génie ni ces grandes ardeurs qu'il pensait éprouver pour résonner sous l'afflux de tant de voix. Les échos les plus décoratifs ne sont pas des modèles de vertu ; redoubler des sons, quel nom faudra-t-il donner à cette opération passive ? Entraîné dans la ronde des capitaux et des échanges dont personne ne pouvait arrêter le mouvement sans cesse accéléré de rotation, il commandait des esclaves attachés à la même roue, échos moins sensibles qui devaient d'abord recueillir sa voix.

Heureusement, il n'était pas tranquille. Il y avait autour de lui comme une atmosphère de présages mortels qui l'empêchait de voir arriver les jours avec joie. Il attendait quelque chose de funeste, il ne croyait pas à ses propres projets. Pas de répit, de relâche : la pompe aspirante, qui vidait sa vie, continuait à monter et à descendre comme une respiration fatale. Il allait, de plus en plus souvent, jusqu'à dire qu'il abandonnerait tout un jour, laissant ses stocks de cuir, ses réserves d'essence, ses piles de registres, et ses classeurs. Mais ces matières, ces registres étaient devenus sa matière : la fuite l'aurait tué.

Qui l'aurait dénoncé ? qui lui aurait demandé des comptes, au nom des hommes vidés à son service, devenus des mannequins empressés à plaire et tremblants ? Au nom de ses propres enfants écrasés par lui ?

Il aurait répondu que son cœur était pur. Tous les meurtriers vont d'abord se laver les mains. Il aurait étalé la grandeur de son œuvre : dix millions de peaux de toutes catégories embarquées par an, des comptoirs dessinant les bornes d'un royaume, des mouvements provoqués à distance à Grenoble, à Mazamet, quatre navires à la mer. Belle balance pour pencher en faveur d'un homme. Je vois Mazamet tassée au pied de la Montagne Noire, avec ses eaux dans les prés, ses garages, son record du nombre d'autos par mille habitants, son milliard d'affaires par an, le sourire de ses hôteliers, ses noirs faubourgs pleins de laveurs de peau. Je vois les ouvriers gantiers de Millau, le dos courbé des vendeuses de chez Perrin, les manœuvres somalis arrachés à leurs villages et à leurs troupeaux pour être insultés par tous les Blancs de Djibouti.

M. C... n'était pas absolument à l'abri des morsures de la vie intérieure : on peut imaginer que Ford a des rêves, que Poincaré s'invente des univers lorsqu'il est las de falsifier des pièces diplomatiques, d'inaugurer des monuments aux morts.

Ce maître de firme conservait fidèlement des vestiges d'une adolescence sentimentale troublée par le goût de la gloire et une sorte d'ambition poétique. Il cherchait la conversation des femmes et aimait qu'elles lui jouassent des pièces de Chopin conformes à une vue traditionnelle de l'amour. Il faisait parfois des pèlerinages à Stratford, à Bayreuth, il se mettait le front dans les mains en écoutant Siegfried, en pensant à l'Androgyne des Thermes, aux vitraux de Saint-Nazaire de Carcassonne. Il oubliait les colonnes de ses comptes pour chercher dans les livres des inventions conformes à ce qui restait en friche dans les marges de sa vie. Bien que sa vie fît tout pour démentir un pareil jugement, il était de ceux qui se composent des retraites avec les débris scrupuleux du temps. Il souffrait sincèrement de n'être pas un homme et cherchait à en créer une image solitaire. Il y avait des moments où il était donc vulnérable : mais quel spectacle de le voir revenir, comme un homme qui s'éveille à son gré dans le présent des marchés, rejetant les amas de ses nuages. Comme s'il utilisait aussi ces repos pour refaire ses forces dans de profondes retraites, il reparaissait plus dur et plus armé contre les hommes. Il redevenait le fantôme impitoyable que son existence véritable avait substitué à l'homme qu'il eût pu être. D'ailleurs, je l'ai vu employer les éléments de ses rêves pour attirer à lui, au service de ses profits ceux qui résistaient moins aux apparences sentimentales d'un homme avec lequel ils étaient en droit d'espérer des relations humaines, qu'aux formules fatales des conversations commerciales et des contrats d'engagement. Il laissait entrevoir à quelques-uns de ses employés une vie de l'esprit, les plaisirs de la conversation, le souverain bien d'une éthique de l'action et d'une moralité des affaires : ces jeunes hommes se montraient conciliants sur le taux de leur salaire.

Il me proposait de fixer ma fuite loin d'Europe à Aden, m'offrant pour l'âge mûr une puissance qui n'eût différé de la sienne qu'en degré. Voici : si vous fuyez, si votre fuite réussit au sens où les hommes des villes entendent le succès, vous serez M. C... Vous serez M. C... partout. C'est le dernier terme qui vous est proposé. Mais renoncez à être des hommes.

J'avais découvert une autre vie qui formait un pendant presque parfait à la vie de M. C... Sur l'Esplanade, à Crater, près de chez Palonjee Dinshaw, il existe une boutique qui est un musée. Il contient un petit nombre d'épaves laissées par les passages des hommes, des monnaies, des tombeaux, des inscriptions, dont on voudrait percer le secret comme celui des aventures de jeunesse de son père. Les voir, cela suffit pour penser à Ophir, comme Napoléon. Pour le reste, on est chez Bouvard et Pécuchet, collectionneurs. Le gardien du musée était un ancien sergent de l'armée britannique. Quarante années d'Aden. Déchu aux yeux anglais, jusqu'à fumer les cigarettes en cornet des indigènes, porter une foutah, faire le métier d'écrivain public pour les Arabes. Assis devant sa porte il regardait couler un petit filet intarissable d'ennui. Il ne connaissait plus personne dans son comté qui portât encore son nom : aucune raison d'aller voir des arbres sous lesquels ne marchent pas des visages de connaissance. Il se soûlait tous les soirs, craignant la folie et défendu de ses coups par l'alcool. Il était comme une pierre rouge, en dehors des courants où presque tous les hommes s'arrangent pour nager. Personne parmi les Européens ne savait qu'un Anglais avait trouvé ce gîte, ou cette noyade corps et biens. Les autorités militaires lui avaient refusé le droit de prendre part à cette comique petite guerre anglo-turque autour d'Aden, il ne s'en consolait pas, ce refus lui avait signifié sa faiblesse. Le désir de tirer des balles perdues du côté des avant-postes turcs avait été son dernier rêve au sujet de l'action. Il perdait ses souvenirs sans se débattre comme un vieux corbeau perd des plumes : tel est le dernier fruit de l'amour des voyages. On comprend trop facilement les clefs qui ouvrent ces deux vies, si semblables, si également éloignées de la vie humaine. Inutile de chercher là où ils ne sont pas les secrets qui combinent les destins.

Tous les êtres accrochés à M. C... comme les poissons pilotes à leur squale mouraient de la même mort que lui.

Que faire parmi ces gens-là ? Que faire des jeunes femmes anglaises ? Elles ont des yeux de verre si bien imités qu'on peut être amené à croire que ces prunelles voient. Puis un jour on se dit simplement « c'est vivant » comme les bonnes gens devant le Scribe accroupi, au Louvre, le dimanche.

Que faire des officiers anglais, des fonctionnaires anglais avec leurs aventures de hiérarchie. Ils portent des couleurs de régiment, de collège comme des décorations : nul moyen qu'ils se perdent en faisant le tour du monde dans n'importe quel sens, sur n'importe quel méridien. Il y aurait des chances pour que quelqu'un les reconnaisse, même chez les Barbares, au pôle Nord, en Espagne. Les autres pays habités par des hommes sont pour eux de drôles de corps, des espèces de planètes écartées de l'orbite de l'Empire qui est parfois entré en contact avec elles, à Crécy, à Waterloo, sur la Somme. Ils croient que l'empire, c'est la paix, que les yeux de Margaret Bannermann, les records de lord Burghley compensent pour le Jour du Jugement les hautes maisons mortelles de la ville d'Edinburgh, les grèves charbonnières et l'existence même de sir Henry Deterding, ils sont guidés par l'ignorance, les proverbes patriotiques, le respect du pétrole et de la bonne tenue à table, par la poésie romantique.

Il y avait les Hindous, les Arabes, les Noirs impénétrables. Je n'avais pas dix ans à perdre pour fixer ma vie parmi eux et d'abord les connaître. Tout compté, tout pesé, je vis parmi les Européens. Ce sont les maîtres des hommes qu'il faut combattre et mettre à bas. Les belles connaissances viendront après cette guerre.

> *Il y a dans les plus petites villes d'Italie un théâtre, de la musique, des improvisateurs, beaucoup d'enthousiasme pour la poésie et les arts, un beau soleil : enfin on y sent qu'on vit.*
>
> Madame de Staël, *Corinne*.

X

La nouveauté des terres et des figures épuisées, les couleurs devenues ordinaires, les tableaux affaiblis, il n'est plus impossible de chercher à comprendre Aden.

Aden est un nœud qui boucle bien des cordes : il ne fallait pas beaucoup de mois pour épuiser le pittoresque de cet Orient et saisir les forces qui tiraient les ficelles et serraient fort ce nœud. C'est une croisée de plusieurs chemins maritimes, ces chemins jalonnés de phares et d'îlots hérissés de canons, une des mailles de la longue chaîne qui maintient autour du monde les profits des marchands de la City. Relâche pleine de signaux meurtriers, pendant de Gibraltar.

L'année était justement le temps où les dépôts de troupe de l'Europe prêtaient leurs soldats pour aider à la civilisation des Chinois. Economie mal ordonnée commence par les autres.

Il y avait promesse de révolution du côté de l'embouchure divisée des fleuves du Kouang-Toung : alors les navires passaient vers les terres hautes de l'Asie, les transports de troupes, les destroyers à museaux de requin s'ancraient en face du bâtiment gothique de la douane, les hommes d'équipage prenaient le frais le soir sur la plate-forme des porte-avions. A Aden, les bataillons sortaient de leurs casernes comme des guêpes d'un guêpier, le silence prenait ses quartiers au club du Second Régiment de Devon que je voyais de ma fenêtre : finies les band nights où l'orchestre jouait le *God save the King* et *la Marseillaise* qui allaient éveiller des échos dociles et ignobles dans le cœur des négociants en café et en pétrole. On lisait les dépêches de l'Eastern pour avoir des nouvelles de la Chine.

Ces accessoires suffisent peut-être à indiquer la portée de la vie des hommes à Aden.

Voici ce qu'il y avait à comprendre : Aden était une image fortement concentrée de notre mère l'Europe, c'était un comprimé d'Europe. Quelques centaines d'Européens ramassés dans un espace raccourci comme un bagne, cinq milles de long, trois milles de large, reproduisaient avec une extraordinaire précision les dessins que composent à une plus large échelle les lignes et les rapports de la vie dans les terres occidentales. Le levant reproduit et commente le ponant.

On a sous les yeux une sorte de plan qui traduit fidèlement son modèle, comme les portulans de la Renaissance et les dessins symboliques que composent patiemment les moines des monastères bouddhistes. Tout est décanté jusqu'à l'essence, tout ce qui allongeait la solution évaporé.

Il demeure un résidu impitoyable, descriptible et sec.

Le petit nombre d'hommes engagés dans les courroies de transmission de cette machine encore complexe, permet de saisir la signification de l'existence européenne si souvent dissimulée par la multitude des acteurs et par l'entrecroisement de leurs trames. Comprendre les lois de cette machinerie, la source de sa force motrice, paraît réellement important à un jeune homme qui commence maladroitement, après un petit nombre de vagabondages sans portée, à entrevoir le but vers lequel il n'appartient qu'aux hommes de marcher. Ces gens jouent leurs rôles au milieu de petits drames anecdotiques qui représentent à la manière des pièces d'ombre les mouvements exemplaires de la vie des hommes civilisés : ces rôles sont régis par des habitudes et des passions faiblement réveillées, par la vie, ce jeu si simple de coutumes tristement consenties. On voit déjà à cette place la justesse de la comparaison stoïcienne du théâtre, bien qu'il faille éclairer ces Stoïciens magiques et profonds.

Les habitants d'Aden comme ceux de Londres et de Paris — ce sont d'ailleurs les mêmes plantes dans une serre où la température leur permet de grossir — paraissent, s'arrêtent, marchent, pleurent, disparaissent, sont éclipsés sans rime et sans raison. On n'aperçoit pas d'abord les prétextes des entrées et des sorties, des sonneries derrière les portes, des entretiens, on devine simplement que des plans et des forces étrangères alimentent l'action et détiennent les clefs de ces apparences mobiles. Elles se montrent donc aux regards comme les grandes personnes remuent devant la critique des enfants. On assiste à leur existence, il est même facile de reproduire les gestes qu'elles font pour tenter de les comprendre, on saisit presque sur-le-champ qu'ils n'emporteront jamais un tel assentiment qu'il soit possible d'en attendre un seul atome de contentement ou de joie.

Finalement, on pénètre ce spectacle abstrait où les figurants n'ont guère que deux dimensions, cette pénétration n'offre pas de difficultés bien que le sens du drame et la fable soient composés de tous les contresens à propos de la vie.

Ces hommes étaient les pièces de rechange d'un mécanisme invisible qui ralentissait le dimanche, à cause de la religion, et que grippaient parfois les accidents périodiques et violents des crises économiques, tout cet amas boulonné, sans soupapes, vibrait comme un édifice de tôle. Dans toutes les villes du monde, il y a des témoins qui attendent le jour où ils verront sauter le couvercle et éclater les volants.

Groupés sous des raisons sociales, ils ne cessaient pas d'être en proie à la cérémonie guerrière du commerce international, ils faisaient penser à des nègres qui dansent dans la nuit pleine des esprits et des reflets, jusqu'à tomber.

C'était des victimes, comme Emmanuel Kant, de cette ordonnance horrible qu'est un emploi du temps : ils ne l'avaient même pas, comme Kant, inventé, Kant avait au moins une porte de sortie, personne ne l'empêchait d'en inventer un autre, et sept par semaine.

Six heures : lever, douche. Sept heures : premier déjeuner. Huit heures : bureau. Midi : second déjeuner. Une heure : sieste. Deux heures : bureau. Cinq heures : promenade, club. Sept heures et demie : dîner, Dix heures : sommeil.

Cela ressemble aux tableaux d'instruction affichés dans les bureaux des colonels, des censeurs, des directeurs de prison. Comme cette partie de plaisir durait pour chacun d'eux deux étés et trois hivers, cherchez après le sommeil et le bureau le loisir et l'heure d'être un homme. Ils n'avaient même pas le cinéma, le samedi soir, ils couraient sous les coups d'un fouet qu'ils n'avaient jamais vu.

On peut comprendre que la Révolution a des raisons plus méthodiques, mais peu de raisons plus persuasives que celle-ci : il faut des loisirs pour être un homme. Cette raison se trouve même dans Platon, ce conducteur d'esclaves.

Chaque seconde du temps qu'ils passaient, qui les passait, subissait la pression du marché mondial : partout les hommes la subissent et ne subissent qu'elle, mais après tant de dérivations dans des canaux et des tuyauteries où sa force paraît se dissiper comme une vapeur, qu'ils gardent et communiquent l'illusion de l'indépendance et même de l'autonomie. A Aden, cette pression était immédiatement présente, elle se passait d'intermédiaires, il faut comprendre que la vie était dégagée des faux ornements que lui ont ajoutés en Europe des siècles de civilisation morale décédés, des idées engendrées par le besoin des illusions et les nécessités hypocrites des luttes sociales. Comme ces gens comptaient revenir un jour dans leur pays natal, ils prenaient patience et réservaient l'usage des illusions pour la date de leur retour. Ils étaient sûrs qu'elles ne leur feraient pas défaut. Ils pensaient que le malheur de leur vie n'aurait qu'un temps. Les travailleurs arabes et somalis étaient encore trop dociles pour qu'il fût nécessaire de découvrir et d'inventer des raisons capables de justifier à tous les yeux leur exploitation méthodique. Ils gardaient ces raisons pour les ouvriers de l'Europe. Comme les illusions leur paraissaient inutiles, ils ne leur consacraient pas les quelques instants de répit que pouvaient leur laisser des journées si chargées. Il n'y avait pas d'autre presse que celle des dépêches d'agences ; personne n'avait le courage ni le besoin de lire les journaux européens qui s'entassaient sous bande dans les coins des chambres. Pas de théâtres, pas d'éditeurs, de bibliothèques, si ce n'est les grammaires anglaises, les arithmétiques et les livres pieux des Missions. Pas de discours, pas de philosophies, tout décor était oublié et provisoirement aboli. Pas de loisirs pour la paresse, pas de loisirs pour l'amour : dans ce trou étouffé où il fallait bien vivre coude à coude — il y avait 580 habitants au mille carré — on ne trouvait aucun des espaces solitaires où des amants sont assurés d'être méconnaissables. D'ailleurs il y avait une femme pour trois mâles. Pas de musique, ni de fêtes foraines : quel Blanc eût été admis à des frairies de Ramadan, à cet étrange carnaval hindou où les plus graves vieillards s'aspergent d'encre, où les portes austères sont ornées de symboles obscènes ?

Quand on essayait de parler des Beaux-Arts et de la question sociale, cela sonnait si faux et si vain que toutes les voix se taisaient. On sentait qu'il était inutile de prendre ces déguisements au sérieux, ils paraissaient déplacés comme des obscénités à un repas d'évêques.

La vie des hommes étant réduite à son état de pureté extrême, qui est l'état économique, on ne courait jamais le risque d'être trompé par les miroirs déformants qui la réfléchissent en Europe : l'art, la philosophie, la politique étant absents faute d'emploi, il n'y avait aucune correction à faire. On voyait les fondations de la vie d'Occident, les hommes étaient mis à nu comme des modèles anatomiques. Pour la première fois je voyais des gens qui n'exigeaient pas, qui ne justifiaient pas une philosophie des vêtements.

Aucune concession à l'amour de l'art, rien à chanter, rien à risquer, rien à peindre, pas de poèmes à lire et à écrire. Les seuls accidents sincères de leurs journées étaient les dépêches de l'Eastern Telegraph Company, agents anonymes des puissances lâchées sur les marchés de l'Europe et des Etats-Unis. Tous les cœurs étaient suspendus à ces ondes électriques qui circulaient sous des tas de mer à une vitesse dont aucun actionnaire de la Shell ne cherchait à se représenter le taux. Ces hommes qui ouvraient le dimanche matin les sacs de courrier apportés par la malle des Indes étaient ancrés là pour gagner plus d'argent que chez eux, dans les capitales de leurs comtés, dans leurs préfectures françaises, c'est-à-dire pour leur âge mûr et leur vieillesse le pouvoir d'attendre la mort sans rien faire, sauf peut-être du jardinage ou du golf. Quels petits-bourgeois au fond de ces dominateurs coloniaux.

A cinq heures après-midi, comme ils vivaient à la cadence fixée par le soleil, ils sortaient de leurs abris et essayaient de s'imaginer qu'il y avait des rivières dans le monde. Toute la journée, à Aden, il y a au centre du ciel blanc la présence du soleil, les rochers éclatent, à la première défaillance d'attention les hommes peuvent être foudroyés, mais vers le bout de la journée le soleil se dirige vers le sémaphore du Shamshan. Une sorte d'armistice est conclue et une moitié des rues est délivrée. Les ombres s'allongent comme des tiges dans le fond des ravins, les ventilateurs font leurs derniers tours comme une hélice au moment de l'atterrissage.

Ils abandonnaient alors les classeurs où dorment les contrats, les copies de lettres, les codes, les connaissements.

A Crater, sur l'Esplanade étaient assemblés, autour du terrain de football, les Arabes de l'Hadramut, du Yémen, les Hindous de toute caste, les Noirs de la côte africaine, mêlés aux fantassins de Sa Majesté. L'orchestre du régiment punjabi jouait parfois. Les jours de sabbat, les jeunes Juifs se déniaisaient, n'osant pas encore raser leurs papillotes, mais seulement porter les vestons clairs qu'ils revêtiraient définitivement un jour sur les trottoirs de la place Mehemet Ali, à l'entrée du Mouski, au Caire.

Devant la chapelle presbytérienne, des artilleurs, quelques jeunes Hindous s'entraînaient au cricket. Les prêtres de la mission italienne passaient près d'eux, vêtus de leurs soutanes de toile blanche, chaussés de gros souliers noirs d'inspecteurs de la Sûreté. Policiers des intentions morales, procureurs des confessionnaux.

Les autos partaient vers les lieux arrosés, vers le jardin de l'oasis de Sheikh-Othmann, vers Fisherman's bay, vers le club de Gold-Mohur où nageaient les femmes blanches de la colonie. De rares couples montaient vers le phare isolé de Ras Marshag.

Les gens allaient voir dans les crevasses du volcan quelques arbres à fleurs de pommier gonflés d'eau comme des choux, et le lendemain d'orages dérisoires, des prés de lys blancs. Ils montaient encore au-dessus des citernes voir un grand banyan exilé avec dans ses agrès, des cargaisons de martinets aux pattes courtes qui y dormaient le soir.

Les billards résonnaient dans les clubs, on buvait, on jouait aux cartes au milieu des airs de danse à Steamer-Point. C'étaient leurs maigres heures de suspension d'armes. Ils essayaient alors de faire quelque chose pour leurs corps : comme ils étaient pour la plupart Anglais ils savaient heureusement comment s'y prendre. Leurs corps recevaient une ou deux heures d'existence, mais non les corps italiens, les corps français. Trop prudents pour se mouvoir.

C'étaient aussi les heures où ils cédaient après tout aux illusions. Ils parlaient comme M. C..., de leur action. C'est un mot qui fait rêver tous les hommes, c'est la chose qu'ils n'ont pas. Ils essayaient de se faire croire qu'ils agissaient. Ils finissaient par le croire. Ils étaient donc poétiques : être poétique, c'est avoir besoin d'illusions. Ils développaient cette illusion avec les ressources de l'intelligence, leur vieille servante-maîtresse. Ils en faisaient la théorie.

Mais ils ne trompaient pas. On sentait bien qu'ils n'aimaient pas leur vie. Ils avaient beau se forcer : l'amour ne venait pas. Ils continuaient à vivre en pensant à ce qu'ils avaient fait, à ce qu'ils avaient à faire, le temps passait. Ils tenaient debout à force de tics. Ils étaient bien dressés ; leurs parents pouvaient être fiers d'eux, leur patron aussi. Ils n'avaient pas l'air humain, ils ressemblaient plutôt à des sacs de son : si on leur avait ouvert le ventre — c'était le seul service à leur rendre — de la poussière aurait coulé. Ils se vantaient pourtant d'avoir possédé des femmes, reçu des blessures de guerre : impossible d'imaginer la sortie de ces liquides vivants, le sperme, le sang.

Les objets de leur volonté n'existaient pas : c'étaient

des essences abstraites, impossibles même à personnifier pour les faire entrer dans une prosopopée, le bilan, la balance, le crédit, la circulation du capital, le succès commercial, le devoir professionnel. Couchez-vous avec le capital pour ami ? Ces entités les occupaient, emplissaient les minutes : elles volaient tout le temps autour d'eux. Ils étaient abstraits. Ils exécutaient toutes les consignes qui ne concernent pas les hommes, comme les ordres secrets d'un vice dont ils ne pouvaient pas guérir. Ils disaient pourtant : la vie, malgré tout, ils pensaient : vivons. Premier cri du réveil, dernier soupir de la veille. Mais il aurait fallu pour que cela fût possible qu'ils guérissent de leurs mauvaises habitudes, de leur digestion, de leur respiration, de leurs mariages, de leurs écritures, de leurs langages. Qu'ils fussent transformés depuis les fondations. Mais ces maniaques mouraient à petit feu au service de capitaux anonymes.

Ce qu'il y avait de terrible, c'était de les voir dormir. Ils dormaient la nuit et ils dormaient après leur repas comme des serpents qui digèrent. Je les voyais sous les galeries de la maison endormis dans leurs fauteuils cannés. Ils reposaient enfin, arrivés dans un port accueillant, dans une rade sûre, dans le seul bonheur de la journée, défaits, dénoués, la joue posée sur le sommet de l'épaule, le cou plissé, les mains à la traîne, avec des gouttes de sueur roulant sur leur front. Traversés par des rêves visibles, leurs faces déballées parcourues par des ondes, dernières volutes des lames de fond envoyées par les régions humaines, qui les soulevaient comme les insectes soulèvent les animaux morts dans les fossés. Ils bourdonnaient, se retournaient. Ils essayaient de reparaître dans le jour avec les trouvailles du sommeil, de ne pas les oublier. Mais ils les laissaient retomber, ils revenaient les mains vides plus tristes que les femmes qui accouchent d'un enfant mort. Le sommeil est pour un vivant le désintéressement le plus semblable à celui de la mort : il était pour eux la pointe même de l'attention, l'extrême de leur effort, tout ce qu'ils pouvaient connaître des réclamations de l'homme.

Que de fois j'aurai répété le mot homme. Mais qu'on m'en donne un autre. C'est de ceci qu'il s'agit :

énoncer ce qui est et ce qui n'est pas dans le mot homme.

Que faire de ces êtres de verre où l'on voit passer jusqu'aux songeries ? Ce sont les fous de cristal d'Edgar Poe. Mais du verre, cela se brise. Ils sont encore comme les poissons transparents des grands fonds. Mais des poissons, cela se pêche.

Parce qu'ils sont nombreux et collés les uns sur les autres on commence par les croire impénétrables : beaucoup de transparence fait de l'ombre. C'est la description du mica. Il suffit de trouver les plans de clivage : chaque lamelle, chaque homme séparé sont alors transparents.

On m'a toujours laissé croire que les hommes avaient de l'épaisseur, je trouve qu'il y a quelque chose qui les empêche d'être opaques comme des vrais hommes, comme ceux dont on parle par exemple dans l'Histoire, dans la poésie. L'homme ne sera-t-il donc jamais qu'un personnage historique ?

XI

Quand on veut changer d'air, on peut se diriger vers Lahej, dans les terres ou vers Djibouti.

Si l'on va du côté de Lahej, c'est pour voir de l'herbe.

Les autos marchent en tanguant dans le désert, elles se lancent de loin pour franchir des collines de sable qui les saisissent comme des ventouses. Des Arabes dans les haltes donnent des feuilles à leurs chameaux agenouillés. On passe près d'une colline de tessons qui passe pour témoigner du passage d'Albuquerque, c'était en 1519. Au bout de quelques heures, des arbres se lèvent, on arrive en vue de Lahej, ville de poussière avec des maisons de poussière, des palmiers de poussière, des hommes de poussière.

Le palais du sultan est un bâtiment de corail gris : il a un toit à balustres, des files de fenêtres, des attiques, des colonnes corinthiennes. Dans le jardin des paquets de feuilles de tabac sèchent sur des ficelles. Il y a des boules de verre dépoli, pour y lire l'avenir, comme dans la grande banlieue, près de Paris.

On entre. En haut d'un escalier nu, un grand Arabe en veston de soie rayée, rouge et jaune, vous prie d'attendre dans la salle d'audience. C'est un grand salon dans la pénombre, les volets sont fermés contre le soleil. Aux murs pendent les photographies couleur et grandeur naturelles du père et de l'oncle du sultan régnant. Les tapis qui viennent de Paris, sont roulés et ficelés dans un coin comme si le sultan était au bord de la mer ou donnait le soir même une sauterie en l'honneur des dix-huit ans de son fils qui a des lunettes d'acier et des boutons comme un élève de l'Ecole Normale de Saint-Cloud. On boit du café poivré dans ces tasses de faux Chine que des Arméniens, des Syriens vendent aux esclaves sur le pont des paquebots d'Extrême-Orient. On est assis sur des canapés recouverts de velours Napoléon III, sur le bord, par respect : c'est un prince régnant. Arrive ce dernier, grand homme noir, l'air rusé et cruel des nervis du vieux port à Marseille. La conversation ne compromet rien, il ne vous dira pas ce qu'il pense des Wahabites et de l'Iman de Sana. Finalement on est autorisé à circuler librement sur le territoire de sir Abdul Karim, Knight Commander of the Bath, qui se retire.

Alors on va voir l'herbe. La route, parallèle au petit chemin de fer de Lahej à Aden, est bordée de mureaux de pierre recouverts de mottes sèches, comme dans le Morbihan.

On entre dans une région pleine de dattiers, de goyaviers, de papayers, d'orangers, de grenadiers, on traverse des champs de bananiers de Chine, hauts comme des enfants de quinze ans. Le sol est un feutre humide fait de plantes grasses. Autour des champs circulent des canaux, entre des berges surélevées comme dans le delta du Nil. L'eau y coule. Dans le fond du tableau, on revoit agrandies les montagnes du Yémen, soudain, au fond d'un ravin rouge plus large que le val de Loire coule le fil d'un fleuve à moitié mort.

Quelle joie ! Voilà des prairies avec de l'herbe bourguignonne, des champs aux couleurs piémontaises. Les plus compassés s'étendent sur les graminées, presque tremblants de voir après des semaines de pierres, des paysans, de l'eau douce qu'on écluse, comme dans les Géorgiques. Ils se penchent sur le disque d'un puits. Malheureusement quelqu'un retourne du pied le cadavre blanc d'un serpent, pendant le déjeuner au milieu des citronniers, des aigles tombent du ciel comme des pierres et dérobent les os qu'on lance aux chiens dont la mâchoire ne mord que le vent et une plume perdue : ce n'est pas l'Occident aux campagnes pacifiques, Toscane, Touraine ou Kent.

Sur les chemins, on croise des bandes de travailleurs qui reviennent du champ. Nus, ils portent seulement une foutah serrée par une ceinture de cuir brodé où pend un couteau recourbé dans une gaine d'argent. Un gros fil noir est entouré à leur cheville. Un lépreux assis au bord de la voie écarte les mouches du soir avec un geste doucereux de machine.

Impossible de voir des hommes plus en ruine que les sujets du sultan : les ouvriers que j'ai vus sortir des mines de bauxite sur la route d'Aix-en-Provence, couverts de terre rouge, respiraient la force et la joie auprès d'eux. Vingt mille êtres mènent cette vie de purgatoire pour que ce marquis de Carabas indigène puisse regarder ses prés verdir à l'ombre des avions militaires anglais, puisse se regarder en paix dans ses boules de verre et voyager au Caire, à Londres et à Paris. En allant vers Lahej, on pensait à l'herbe, aux femmes qu'on voudrait renverser sur elle après plusieurs mois de chasteté, mais voici qu'il faut demander à l'herbe les mêmes comptes qu'aux cheminées d'usine de Saint-Ouen.

Orient, sous tes arbres à palmes des poésies, je ne trouve encore qu'une autre souffrance des hommes.

Un autre jour, je pars pour Djibouti sur le bateau à moteur *Halal*. Le *Halal* est un vieux rouleur de mer Rouge dans les quatre cents tonneaux, alourdi par ses mâts de charge, avec une cheminée maigre à l'arrière. Le capitaine Mac Lean le laisse marcher tout seul, ce n'est pas un de ces bateaux à caprices qu'il faut surveiller pendant tous les quarts, il file tout seul vers la côte des Somalis comme ces chevaux de maraîchers qui conduisent vers les Halles leur maître endormi sur les choux.

Mac Lean dort, raconte des histoires de femmes, boit un coup à toutes les calebasses qui pendent aux agrès autour de sa cabine. A une heure toujours fixe, il change de costume blanc, met un casque et des souliers propres : *le Halal* arrive en vue de Djibouti. On voit au fond de la baie de Tadjoura la côte basse de madrépores. On aperçoit au fond du pays comme sur un tableau de Vinci des étages bleus de montagnes couronnées de nuages, le commencement de l'Abyssinie.

Le navire sur ses ancres, les allèges emplies de balles de cuir arrivent, montées par des Somalis brillants et crieurs, ils se mettent à danser autour de la coque un ballet déréglé et sans poids, ils plongent tout nus, attrapent un bout de corde entre les dents, grimpent par la chaîne de l'ancre, laissent sur le pont la trace mouillée de leurs longs pieds. Mac Lean marche déjà sur le môle, échange ses connaissements avec le directeur du comptoir et file vers les filles et les cafés.

Djibouti n'a aucun passé. C'est une sous-préfecture du Midi qui date de quarante ans. Cet âge a suffi pour que le lavis rose des maisons commence à s'écailler, pour que des arbres se mettent à avoir l'air d'arbres dans le jardin du gouverneur.

Même vie qu'à Aden, ornée du débraillé des coups de gueule de l'Europe du Sud, grecque, française, italienne. A Aden il y a des clubs fermés, on ne peut jamais voir par les fenêtres ce qui s'y passe. A Djibouti il y a des cafés, la belote détrône le bridge, les hommes parlent des femmes. Quelle surprise pour un Français d'y retrouver les détails qui font que la France est la France et porte sur le même corps d'autres vêtements que l'Angleterre. Je suis chez moi place Ménélik assis à une terrasse de café dans le style de Montélimar, d'Avignon, devant une station de fiacres avec des tentes à franges, comme à Périgueux. Chez moi, en voyant à la porte du commissariat de police le commissaire insulter un indigène de sa voix d'ancien adjudant de coloniale. Chez moi au tennis, en parlant du président du Tribunal qui porte une barbe radicale-socialiste, un ventre du Sud de la Garonne, à sa femme taillée sur le modèle dont sont faites dans la métropole, les femmes de colonels et les matrones de la rue Paradis. Chez moi devant la poste, me demandant comment le directeur a si vite une auto. Chez moi, sur le plateau du Serpent, en voyant les jeunes filles se promener avec un bandeau autour des cheveux comme à Quiberon, en apprenant de qui la femme du directeur des chemins de fer est la maîtresse. Chez moi enfin, en découvrant dans la boutique d'un épicier grec, sous des piles de boîtes de thon de chez Amieux, le texte grec de *Prométhée enchaîné*, d'*Œdipe à Colone*.

Le même ennui sans formes qu'à Aden, mais en manches de chemise retenues par les élastiques des coiffeurs, mais avec le goût des vermouth-cassis, des mandarins-curaçao. Tous ces hommes aussi tournent en rond, heurtés aux murs invisibles de leur destin, faisant aux mêmes heures les mêmes mouvements que les Anglais de la côte d'Asie, filant en auto le soir vers le jardin d'essai d'Ambouli où vont se consoler des couples dont les membres sont toujours des pièces de rechange. C'est la nuit, on tient une femme sans nom contre soi, les maigres arbustes de la steppe défilent, les chameaux leur broutent la cime : comme ces arbustes ont des formes et des proportions d'arbres faits, on se croirait dans un paysage préhistorique, les chameaux grands comme des iguanodons.

Comme les Français ont l'habitude de parler de l'amour bien qu'ils n'y soient pas plus soumis que les Saxons, Djibouti possède un quartier réservé. Dans le village indigène d'où les Somalis ont défense de sortir après dix heures du soir, à moins qu'ils ne possèdent un laissez-passer, s'ouvrent des rues pareilles aux autres, avec les pauvres huttes de roseaux qu'emporte la moindre crue de la rivière, les tas d'arêtes de poissons. Elles débordent de l'odeur de la graisse rance de mouton mêlée à des parfums.

On arrive au bout de ces voies, le moteur au ralenti ouvre dans le silence qui écoute de toutes ses oreilles une source d'orage. De toutes les portes les filles sortent en courant comme des folles délivrées des charmes qui les retenaient dans le noir ; elles sautent devant le radiateur en se tenant les mains, elles crient de leurs voix aiguës de chanteuses, elles s'appellent, ce sont de grandes filles très jeunes couvertes de gros bijoux. Leur peau ointe reluisait faiblement à la lueur des phares et au reflet rouge de leurs cabanes. Des mains se posent comme une patte d'animal sur votre cou, il faut partir ou se laisser prendre, se plonger dans les vagues d'un amour enfoncé dans l'étuve de la nuit. Ces descentes sont la dernière ressource des hommes perdus : si vous allez dans un pays noir, renoncerez-vous jamais au souvenir de ses petites filles admirables ? Mais cette perdition vaut mieux que vos sales habitudes vertueuses, gens de l'Europe, vous feriez aussi bien d'être toxicomanes ou d'être débauchés.

Enfin quand il est temps de revenir aux bureaux d'Aden, on pense que ce n'était vraiment pas la peine de les quitter.

XII

Bien que tous les habitants d'Aden fussent écrasés de besogne, il n'y avait absolument rien à faire : c'est la phrase la moins favorable aux hommes, le jugement qui avoue leur condamnation, leur état de perpétuelle absence.

Pas une miette de réalité, pas une démarche qui pût aboutir à quelque chose. Un ennui inefficace parmi les compagnons habitués par le temps à tout ce qui n'existe pas. Des ombres engendrées par toutes sortes de faims : dans les famines où l'on manque de pain, il y a aussi des hallucinations. Alors, faire bon ménage avec l'ennui, mourir de cette mort ? Il n'y a pas d'autre choix : comme on ne veut pas encore mourir, — on croirait offenser quelqu'un et les plus secrets avertissements de la vie, — on tombe dans l'ennui, on s'installe parmi ces animaux savants qui n'ont plus qu'à s'aimer avec une ardeur hypocrite, qui se trompe vraiment d'adresse.

C'est le moment de la descente dans la Nekuia. Il faut bien passer par toutes les étapes d'Ulysse, qu'on doive revenir ou non dans l'Ithaque natale. Il y a pour tous les hommes une région des pensées vaines, des idées qui n'en sont pas, des vivants qui sont des morts.

Lorsque tout ce qui est au monde paraît interdit, la vie intérieure arrive, on n'attendait plus qu'elle. On convoque ses propres ombres qui rabâchent et prophétisent.

Je tombe à la contagion, il y a des microbes de tous les vices. Ce n'est pas assez d'avoir saisi l'essence et les ressorts d'une vie inhumaine pour être protégé contre les maux qu'elle donne. Je vis comme une ombre parmi les autres ombres, tout passe avec des pas de coton au milieu des pierres de la fièvre.

Rien qui se passe, rien qui presse. J'oublie que j'ai su m'apercevoir du temps. Si l'on sent qu'il y a un écoulement du temps, c'est qu'on vit mal mais qu'on vit. Quand on vit bien, il ne s'écoule pas : il est possédé. Mais il y a un intérêt du temps, je ne pense plus à lui : personne ne peut prévoir le jour où il se remettra en mouvement.

Parler ? Il faut avoir à qui parler et de quoi dire. Je pense que je suis le siège d'extraordinaires avertissements de ce qui est pour le regard émoussé d'un vivant le plus grand ennui, la mort. Je ne suis pas plus fort que les autres : je n'arrive pas à comprendre le néant, mon propre néant futur, mon néant, bien que le néant jure avec l'idée de sa possession : je me vois donc mort, mais incomplètement, je me représente une existence dégradée : allons, je n'ai pas fait beaucoup de progrès depuis Achille. Enfin je prends cet état pour un avertissement continu de ma mort. Je trouve cet état horrible, la mort me dégoûte si elle est vraiment cela, si elle est moins la négation de tout ce qui va venir qu'une disposition encore humaine comme la maladie, le froid, la douleur physique. Je me sens mort : l'indifférence est mûre. Je ne peux pas appeler ces semaines que je vis autrement que : mort, c'est tout ce qu'un vivant peut penser quand il veut approcher d'aussi près qu'il le peut de la signification du néant. La véritable mort est ce qu'elle est, ce que la vie n'est pas, ce qu'est l'état d'un homme quand il ne pense rien, quand il ne se pense pas, quand il ne pense pas que les autres le pensent. Je n'en suis pas là : au fond rien n'est perdu. Mais mon illusion est effrayante.

J'ai fait le faraud au commencement. Je me disais : je suis réconcilié avec mon corps, je suis refondu au milieu de cette plénitude des gestes qui me sont permis dans la solitude. Mais un corps même peut perdre son temps : il peut gâcher les chances qu'il a d'être uni à tout l'ensemble des idées. Il faut qu'il ait des objets pour compagnons, sinon il n'a rien à faire, il est tout seul, il ne sait plus que faire de ses grands muscles, il laisse l'esprit en faillite : quand il a oublié le souffle des maigres vents parisiens, le renversement matinal de la brise de mer, la contexture de la gelée, les plantations de sel et de cristaux qui protègent les vitres, les prés et les rivières, les bouts du monde dont il avait l'habitude, il est désœuvré. A Aden mon corps a encore moins à faire qu'à Paris. Il ne trouve rien : posé sur des sables gris, des ponces volcaniques, en face de criques ouvertes comme au commencement du monde, fréquentées par les raies, les requins, les poissons arc-en-ciel. Cette mer baigne des rivages décharnés, les squelettes de ces êtres que l'Occident appelle collines, promontoires, vallées. Qu'est-ce que le corps peut faire de cet amas éclatant de minéraux cassés et, la nuit venue, de la compagnie de Bételgeuse, de la Croix du Sud à des millions d'années-lumière ?

Lorsqu'il ne reste plus des éléments de l'univers mystérieusement décantés que des vapeurs décolorées, une lie de marées et de pierres, je découvre que mon corps est perdu, je ne peux même pas me servir de lui, à défaut de l'amour et des actions humaines.

Alors la pensée se met à ruminer le passé, l'avenir, les pouvoirs inconnus qui sont peut-être les siens, ce qui est désormais impossible mais qui aurait pu être, ce qui ne fut pas, ce qui est encore en sa puissance. Cette vie selon les choses possibles est la récolte de l'ennui. C'est une existence où n'ont lieu aucune opération, aucune pensée réelle de la faculté de penser. Une pensée c'est ce qui est actuel, dans l'actualité sont réunies une présence immédiate et quelque activité : une pensée comporte des objets qui sont placés à un certain moment, en un certain lieu ; elle dirige toutes ses ressources vers eux et les met en œuvre en leur honneur. Une pensée a envie de quelque chose. Elle veut une fin.

Quand je vais me promener sur les pentes du volcan, je suis tout seul, je suis malheureux comme les pierres.

Je passe devant les grottes de lave pleines des chauves-souris, je marche sur des pistes bordées de pierres peintes en blanc, au fond des ravins où poussent des épines et des rues empoisonnées, dans leurs nids, de grands vautours infatigables me regardent passer. La nuit arrive, comme un nuage ou comme un oiseau ; au sommet du Djebel Shamshan le soleil descend au milieu d'une solitude de glaces : c'est l'heure où l'on peut ramasser sans se brûler les doigts les morceaux de lave, les pierres plates où des jeux de cristaux imitent des fougères fossiles. Je suis perdu. Je veux retrouver les hommes qui ne m'attendent pas sous les lumières d'Aden, qui ne sont pas là. Le cratère est une grande urne où la nuit s'entasse et accumule les ingrédients mystérieux de ses opérations magiques. Les pavillons du sémaphore échangent leurs derniers signaux avec les navires qui surgissent encore du côté de Little Aden que les marins appellent les Oreilles d'Ane. L'ombre froide comme du mercure est pleine de faces invisibles, de conventions secrètes, de drogues destinées à la magie sympathique. Elle bat comme un cœur. Je ne suis pas sauvé du jour sans pitié, je n'ose rien espérer dans cette nuit qui est d'une étendue énorme autour du volcan refroidi par elle, mortel, circonscrit par les images de la lune dans la mer.

Je veux à peine penser à la figure actuelle de la vie qui me mène. Elle ne comprend la présence d'aucun objet matériel ou humain : un objet de pensée est aussi bien l'amour d'une femme qu'un arbre. Tout est absence. Montrez-moi mes outils, mes animaux, mes besoins, mes hommes, des champs, des armes. J'aurais seulement un champ, tout serait arrangé, ou encore, un métier réel entre les mains. J'ai des objets qui sont mes esclaves, ces choses vidées des vieilles habitudes, celles qui ne veulent pas d'inventions ou de joie : des meubles, des porte-plume, des taxis, des dents, des lunettes, des habits, des mains, des portes.

Il faut faire quelque chose pour les objets. Quelle source de désespoir et d'ennui dans les objets que nous ne connaissons que trop bien. Ils jouent dans les existences humaines un rôle aussi important que les hommes. Penser à eux est une charité bien ordonnée.

Il arrive à tout le monde de rencontrer sans aucune préméditation des apparitions singulières : à Bourg-la-Reine j'ai vu dans une bonbonne un melon qui avait grandi là, plus merveilleux que les quatre-mâts mis en bouteille par les retraités de la marine sur les remparts de Belle-Ile-en-Mer. Des opticiens égarés dans le siècle ornent leurs vitrines de verres, d'écaille et de métal, de signes plus vains que les lentilles poétiques qui répandent une lumière propice à toutes les métamorphoses sur les trottoirs des pharmacies : ce sont des crânes blancs aussi purs que des sphères célestes, atlas démodés de l'esprit qui portent sur le front pour tatouage le nom : phrénologie. L'imagination des photographes décore les cuisses des modèles de dentelles noires et de jarretières ornées de figurines, de devises, d'attributs qui aiguillent tous les cœurs vers les régions les moins habitables de l'amour, aussi bien que les cœurs transpercés de la Vierge des Douleurs et les fleurs de sainte Thérèse de Lisieux.

Ces îlots délivrés ont perdu toute communication avec les quantités incalculables de matière façonnée à toutes fins utiles, plus de ponts, plus de manettes. Evadés du cercle où s'agite l'esclavage des récipients, des instruments, ils ne sauraient servir aux usages consacrés par la sagesse des nations. Leur laideur, leur pauvreté n'empêchent pas de les reconnaître pour les membres d'un monde où les objets et leurs maîtres vivent en liberté. Le fait qu'ils sont conçus par des fonctionnaires retraités n'interdit pas de les identifier aux dessins de Léonard de Vinci et aux poèmes de Rimbaud, détournés de leur destin jusqu'à tomber au rang d'un canon ou d'un drapeau : ils permettent d'entrer dans l'univers où les choses n'exigent pas d'instructions spéciales sur le mode d'emploi, où les actions correspondantes n'entraînent aucun apprentissage, aucun dégoût, aucune mesure prophylactique, aucune sanction. Malheureusement, à douze ans, les hommes connaissent par cœur tout ce qui les suivra. Il s'agit de chercher les objets qui n'obligent pas à des dressages, à des actions étalonnées dans les bureaux des poids et mesures. Il faut tout espérer d'une vie où l'invention, la nouveauté des objets capables d'éveiller tout ce qui n'a jamais servi composeraient un mélange plus joyeux que tous ceux de Platon. Toutes les ressources de l'homme, de son corps, de ses instincts, de ses beaux-arts seraient utilisées, on s'apercevrait de l'existence de l'humanité. En attendant, vivons dans notre pauvreté, sous les coutumes des objets, les manies de nos frères, personne n'est content. Pourtant, nos frères peuvent être les plus naïfs et les plus multiples de nos choses.

A Aden, ce désœuvrement est terrible, on est privé de tout, même des semblants de l'art, de la philosophie.

Alors c'est la frivolité du passé, les poussières d'un avenir formé des habitudes et des systèmes, la folie qui combine les éléments de la pauvreté, celle qui ne comporte pas de melons en bouteille, de saisons en enfer, de femmes sans famille. Jeu d'échecs où le vivant perd les parties au bénéfice des morts. Le pressentiment obscur que le nombre de ces combinaisons indigentes est malgré tout infini conduit à ce que l'on ne saurait nommer que désespoir. Toutes les légendes du vide sont d'ailleurs la vie conforme à l'intelligence et à l'ancienne philosophie. La vie intérieure est Intelligente. Le désespoir se flatte quelquefois d'une subtilité dérisoire. L'intelligence est une vieille maniaque qui triture les déchets, fabrique des nouveautés avec les ordures des états détruits : elle arrange des parties égales, sans aucune hiérarchie de portée, de proportion ni d'attraits. Le fait qu'elle les contemple d'une manière toujours identique à elle-même les réduit à cette égalité. Elle a deux devises : A est égal à B ; cela m'est égal. La vérité sort de la bouche des calembours. Elle s'occupe quand son maître ne trouve rien à faire, parce qu'il lui faut toujours marcher et parler toute seule : quelle vie ! Ce maître la regarde marcher comme un paralytique voit sauter et trembler son bras. Il n'y a aucune raison pour que cela finisse. Le maître ne veut rien, alors il ne rencontre jamais un objet dont l'intelligence lui dise qu'il est réellement important et capable de repousser tous les autres, pour elle la rencontre de telle ou telle pensée est indifférente, elle est trop pure pour indiquer un choix, elle est un miroir qui ne préfère aucune des images qu'il porte, le lieu de toutes les pensées possibles. Elle se moque de tout : elle se plaît aussi bien aux opérations de l'analyse qu'aux figures de tous les mondes possibles, qu'aux vies possibles pour un homme. Toutes les sortes d'algèbre sont le seul rêve qu'elle supporte : l'algèbre de Leibniz énonce toutes les recettes de la vie intérieure, tout ce qui justifie les dégradations de la vie extérieure. Avec ses pauvres signaux elle ne propose rien, elle n'a goût de rien, elle envahit tout l'être et l'homme rongé par elle conclut finalement de l'échec nécessaire de la raison à la défaite universelle des hommes : cette généralisation est la dernière limite de la raison et son opération la plus parfaite. Il ne reste plus qu'à continuer, à penser d'une nouvelle façon à la mort. Quand toutes les apparences de la vie ne semblent comporter aucune raison de choisir, quelques-uns inventent des descriptions réconfortantes de la mort. Au-delà de cette ligne de partage des eaux, ils s'efforcent à deviner des réserves d'événements que l'intelligence renonce à comprendre et l'imagination à pressentir. Cédant aux illusions fatales de l'ennui, ils finissent par admettre une nouvelle sorte de vie composée du jeu des parties les moins connues de l'univers et des métamorphoses dont serait capable l'intelligence enfin délivrée de ce corps qu'elle regarde comme un chien dans un jeu de quilles. Une vie où l'exercice total de l'intelligence ne serait plus borné par les exigences et l'ennui du corps qui aime la vie de la chair et de la présence du monde. Plus loin encore, il leur arrive de penser à des anges.

En six mois je passe par ces étapes mortelles. Heureusement mon corps désœuvré, mes instincts ne s'accommodent pas des calculs, de l'art pour l'art. Je hais cette vie. Je commence à désirer un état humain qui soit complètement le contraire de l'abstraction irrespirable. Je m'efforce de me peindre des hommes libres, voulant être réellement et non en songe comme des chrétiens et des banquiers, tout ce qu'il est donné à l'homme d'être.

Je vois tous les jours la puérilité de la peur qui nous possédait à Paris : les actions qu'on nous proposait conformément au rang de nos familles, à la civilité puérile et honnête, aux fonctions abstraites du monde bourgeois, étaient tellement absurdes et vaines, que nous pensions que toutes les actions sont éternellement stériles comme les bonnes sœurs qui boivent de la tisane pour faire couler leurs seins, que la nuit noire est l'unique décor où meurent les hommes. Nous avions dans notre sommeil des rêves qui auraient dû nous détromper, mais nous voyions nos maîtres assez puissants pour interdire aux rêves de faire leur entrée au grand jour. De là des évasions qui paraissaient fatales, nous ne nous apercevions pas que tout le monde était bien content de nous voir partir, que tout le monde nous y encourageait. Tous ces donneurs de conseils rateront leur mauvais coup de bien peu : qui donc ne donnait pas de louanges aux diverses incarnations de la retraite, à la profondeur, à la confession, à l'introspection, à certaine poésie, au jeu de billard, aux religions, au cinéma, aux romans d'aventure, aux journaux policiers, aux raids d'aviation ? On plaçait haut dans la civilisation les romanciers des aventures intérieures, les psychologues de la conversation, on félicitait les jeunes gens et les petits employés de se faire des vies imaginaires : cela s'appelait par exemple le temps retrouvé. On suggérait que le bouddhisme même est charmant. Pendant ce temps-là nos maîtres étaient bien tranquilles, quand vous pensez à retrouver le temps perdu vous ne mettez rien en danger. Fuir signifiait qu'on renonçait à regarder de près le monde qu'on fuyait, qu'on renonçait à demander des comptes le jour où on aurait compris. Allez jouer et laissez les grandes personnes tranquilles. Il y avait un plan merveilleusement établi pour faire oublier les maux présents et leurs remèdes. Toute recherche présente met en péril l'Ordre. Vous vous croyez innocent si vous dites : j'aime cette femme et je veux conformer mes actes à cet amour, mais vous commencez la révolution. D'ailleurs votre amour ne réussira pas. Quel péché si vous réclamez la liberté et si vous annoncez que vous voulez faire quelque chose pour elle ! Vous serez rejeté : revendiquer un acte humain c'est attaquer les forces maîtresses de tous les malheurs. Ces réclamations présentes sont simples : le jour où je me suis mis à y penser je me prenais pour Colomb, pour Newton, elles sont d'ailleurs plus importantes que l'histoire de l'œuf et le calcul des fluxions. Car elles prophétisent la ruine du monde. Si quelqu'un va sur une place de Paris déclarer qu'il faut que les hommes vivent comme des humains, qu'ils ont le droit, depuis le temps, de faire comme les plantes qui vivent comme des plantes, il sera couvert sous des tas noirs de policiers. Elles sont simples : puisqu'il suffit de renvoyer les fables à ceux qui les inventent et de laisser prospérer les puissances qui ne demandent qu'à exister sans fournir toutes les cinq minutes des justifications dialectiques.

Va-t-il falloir me contenter d'imaginer seulement la vie humaine de mon lit, lors du temps, retomber dans les farces intérieures ? Qu'on ne me demande pas comment elle est faite ni à quoi elle ressemble ? Je ne l'ai pas accomplie, je tâtonne, c'est comme lorsqu'on veut attraper le soir à la campagne, un pigeon qui vole dans le colombier. Mais je sais qu'elle est là, qu'il faut écarter ses voiles. Le désert de pierres et des pensées s'efface. J'annonce qu'il y a, malgré les faux prophètes, des objets et des actes aussi naturels que les chevaux, qui sont situés dans des temps et dans des lieux accessibles aux mouvements humains. Les plus grandes ruses de ce que vous appelez votre âme ne sauraient même les imiter. Ils rejettent aux fous que vous êtes ce qui n'est que possible. Il va falloir par exemple manier les outils, s'occuper des vivants, annuler les morts, connaître enfin nos corps, tuer nos ennemis, inventer des objets, faire marcher des enfants, rire, apprendre le monde.

L'action met en avant de bien autres complices que toutes vos algèbres : des pouvoirs, des besoins, des possessions. Tout doit viser à la conciliation de ces complices naturels dont vous essayez d'étouffer les voix avec beaucoup de ruses et de savantes précautions, sous toutes les tentures de la bonne logique et de la sainte morale des affaires. Ils sont plus faciles à aimer que vos récits de bourgeois et de traîtres ne l'ont laissé entendre. Ils sont si près de nous que les langues ne savent pas les nommer : ils n'ont pas encore intéressé les relations humaines.

Avais-je besoin d'aller déterrer des vérités si ordinaires dans les déserts tropicaux et chercher à Aden les secrets de Paris ? Je vis en rentrant que bien d'autres les avaient vus passer dans le cœur de la Seine. Je ne regrette rien : elles crevaient les yeux, elles se manifestaient dans une lumière si éclatante que je suis assuré de ne jamais les perdre. Je fus trop proche de ma fin, pour les regarder comme des erreurs de jeunesse. Personne ne me fera croire que la croissance explique tout.

Les chances que j'avais de les rencontrer dans les murs du cinquième arrondissement me paraissent encore maigres. On s'apprêtait à jeter sur moi tant de couvertures : j'aurais pu être un traître, j'aurais pu étouffer.

XIII

Qu'on ne me refasse plus le tableau séduisant des voyages poétiques et sauveurs, avec leurs fonds marins, leurs monceaux de pays et leurs personnages étrangement vêtus devant des forêts, des montagnes, des cimes couvertes de neiges éternelles, et des maisons de trente étages.

Je sais à quoi m'en tenir sur les départs dont on parlait en France entre mil neuf cent vingt et mil neuf cent vingt-sept, images déteintes de la vieille mort chrétienne au monde, renonciations au monde contre les promesses les plus solennelles du Bon Dieu, qui parlait d'une récréation, de nouvelles arènes où toute la vie serait complètement restituée. Profusion de visions, de surprises, d'incidents révélés. Abondance de divinité.

Et je suis retombé sur les gens qui m'avaient effrayé. C'est ce que veut dire l'expression retomber de Charybde en Scylla.

On pourrait tirer de là une raison sans cesse renaissante d'avoir peur et de faire éternellement le Juif errant.

Mais je suis un Français paysan : j'aime les champs, j'aime même un seul champ, je m'en contenterais pour le reste de mes jours pourvu qu'il y passe des voisins. Je ne veux pas connaître l'absence d'espoir des vagabonds : cela aussi j'ai su ce que c'était sur les côtes de la mer

Rouge, de l'océan Indien, dans le delta du Nil et ailleurs. Il fallut de temps en temps me défendre des voyages en regardant Aden comme mon champ, bien que cet effort fût un défi au bon sens.

Récifs pour récifs, j'aime mieux la terre.

Je rejette les navigations et les itinéraires. On a toujours l'impression qu'on est debout au sommet de quelque chose, qu'on a autour de soi de grandes pentes presque verticales au bas desquelles on roulera, au bas desquelles on se perdra. Tout vous est arraché ; les escales arrivent, on descend sur des quais, on espère posséder une ville, des habitants. Pensez-vous ! Le bateau repart, vous avez une fois encore perdu une place humaine et une belle occasion de rester tranquille. C'est le vrai voyage, où l'on referme, comme un coupable dans l'Hadès, ses bras étendus sur la fumée des navires, des brouillards de lumière. Le voyage est une suite de disparitions irréparables.

Renonçons à conquérir des archipels désirables, producteurs de pétrole et d'épices, où la poésie place de très hautes femmes debout dans des robes de couleur, des sœurs d'Ariane ramassant les fruits de mer et guettant les descendants de Thésée. En mil neuf cent vingt-six, j'ai entendu des gens de commerce parler avec une émotion véritablement sincère de l'entrevue de Salomon et de la reine de Saba, du royaume de Balkis et de la Côte des Aromates. Ils croyaient que ces royaumes sont à leur porte, et il est permis d'espérer qu'un archéologue sensible aux éléments fantastiques de sa science se mette à la recherche d'Ophir, « entre Aden et Dafar ».

Mais moi, je ne me condamnerai pas à l'enfer des voyages, qu'Ariane meure en paix. Mes ennemis ne peuvent pas compter sur cette naïveté de ma part.

Enfin on peut tirer des clartés profitables de cette proposition rudimentaire que les hommes sont partout, même dans les capitales du désert. J'ai fait bien des milles marins pour saisir pourquoi mes compatriotes que je devais aimer me faisaient peur. Quelle simplicité sous toutes ces histoires ! Il y a des femmes sensibles, des enfants, et même des hommes respectables comme des médecins, des notaires, qui se promènent seuls la nuit. Pour des quantités de raisons, profondes ou légères, qui ne me regardent pas actuellement. Il peut leur arriver d'apercevoir un arbre, un arbre qui n'est qu'un arbre, avec des branches et des feuilles, un tronc, une écorce, un aubier, avec des nids, des oiseaux de nuit, et peut-être une ombre, s'il y a de la lune. Ils peuvent le prendre pour un spectre qui en veut à leur âme, ou un bandit qui va violer la femme, voler l'homme, enlever l'enfant, ils peuvent fuir comme si un train arrivait sur eux. Mais ils pourraient aller voir de près et savoir qu'une branche déformée par la nuit n'est qu'une branche sur laquelle il ne serait pas plus défendu de monter que sur une branche de jour.

J'ai fait tous mes détours pour retomber finalement sur la branche qui m'avait fait si peur. Je veux dire que je retrouve les ombres redoutables que je fuyais et je vois que ce sont des hommes dont le nombre seul risque d'être dangereux. Je les mesure de près : ils ont les mêmes dimensions et les mêmes formes qu'en France. Mais la nuit qui les rendait redoutables, cette nuit de légendes, de savoirs, de mots et de beaux-arts est dissipée par le soleil qui dessèche jusqu'aux morts. Qu'ils sont de peu de poids ! Qu'il m'est facile de saisir pourquoi je craignais d'être pareil à eux !

Voilà le prix des escales. Il n'y a qu'une espèce valide de voyages, qui est la marche vers les hommes. C'est le voyage d'Ulysse, comme j'aurais dû savoir, si je n'avais pas fait mes humanités pour rien. Et il se termine naturellement par le retour. Tout le prix du voyage est dans son dernier jour.

Quant à la poésie, que les derniers éléments minéraux des voyages coulent dans l'oubli des mers.

L'espace ne contient aucun bien pour les hommes. Il y a des écrivains qui parlent des leçons des paysages, ils font semblant de croire que les pierres et le ciel se livrent à une mimique qui fait d'eux des instituteurs. En échange les hommes peuvent imiter les attitudes et les vertus morales d'une ville, d'un territoire, d'une zone de végétation : sérénité, intelligence, grandeur, désespoir, volupté.

Mais les voyageurs sérieux ont fait peu de cas de cette rhétorique : les voyages de Montaigne sont secs, ceux de

Descartes sont dénués de tout, à peine s'intéressent-ils aux hommes.

Un homme n'est pas un œil qui regarde, une oreille qui écoute. L'espace n'est pour rien dans les complications que des siècles de culture ajoutent à ses diverses parties. Il ne dit mot, il est prêt à tout ce que les hommes feront de lui. C'est un réceptacle, une cire, il ne faut pas prendre des empreintes humaines pour des propriétés de la cire vierge.

Quand on a dit qu'il y a des paysages où l'on crève de froid, d'autres où l'on se dessèche de chaud, et qu'il n'est possible de vivre facilement qu'entre les deux, il n'y a plus grand-chose à ajouter sur la poésie de la terre. Les terres ne sont pas des associés, ni des professeurs de morale, ni des missionnaires prêchant ici l'ordre, là le désordre : tout est en nous. Elles ne persuadent rien. Ce lyrisme est tout à fait vide de matière.

Les hasards vous ramèneront seulement à l'ordre et au désordre des troupeaux humains qui sont dans les paysages et vous serez forcés de juger, d'aimer, de détester, de céder, de résister : l'homme attend l'homme, c'est même sa seule occupation intelligente. Alors on ne confondra pas le bien-être rural avec une communion, les mélanges de couleurs avec les inspirations de la grâce efficace : il ne faut pas se croire sauvé parce qu'on est heureux de voir des blés verts : les familles qui descendent le dimanche à Nogent-sur-Marne épuisent tout ce qui peut dans la nature émouvoir réellement un cœur.

Parlez-moi aussi longtemps que vous voudrez de ce que l'homme fait sur ces scènes tournantes et il y a des chances pour que je vous comprenne. Un jugement humain est seul intelligible, même s'il s'agit de la terre : les paysages mélancoliques sont ceux où les enfants meurent de faim, les paysages tragiques sont ceux que traversent des files de gendarmes casqués et des convois de canons, les paysages exaltants sont ceux où n'importe qui peut embrasser une femme sans trembler de froid ou de peur. Je ne comprends que ceci, que les pays offrent des résistances inégales aux désirs et à la joie. Si je peux vivre en homme dans les quatre éléments, tout le pays me sera bon : que je respire d'abord. L'amour de la beauté pourra bien m'envahir lorsque je serai vieux. Mais vous me faites rire avec vos révélations naturelles et vos magasins de symboles. Pourquoi, sans espoir dans le commerce humain, irais-je m'enfermer dans la Nature, lui accorder une confiance refusée aux vivants ? Un refus de l'amour, de l'amitié, de la victoire, un parfait désespoir peuvent conclure par cette retraite : cette sagesse qui ne comporte plus aucun espoir dans l'homme est celle d'Epicure, lorsque tout paraissait condamné, ce héros fit la part du feu. Pourquoi voulez-vous me voir absolument désespéré, me livrant aux mouvements du ciel ? Je vous donnerai plus de fil à retordre que vous ne pensez.

Quand j'eus saisi les hommes, je n'eus que le retour dans la tête, impatient comme un cheval avec ses gros yeux noirs et ses pieds anxieux. Je voyais mon temps se perdre, cette chose qui m'appartient. Mais comme tous les hommes, je n'en suis pas riche : je mourrai. L'isolement où j'étais m'interdisait toute action efficace, toute lutte, qui eût été d'un poids dérisoire dans une ville de l'Occident. Je soupçonnais aussi qu'en Europe je ne serais pas un combattant solitaire.

On ne sait donner de la joie qu'aux êtres que l'on connaît, et l'amour est la perfection d'une connaissance. Il en va de même de la haine. Parmi tous les ennemis de l'homme, il n'y en avait pas qui me fût plus familier que la France : c'était à la France que, dans la mesure de ma force, je pouvais faire le plus de mal. Il existe tant de manières de faire le plus de mal. Il existe tant de manières de faire du mal à un être quand on connaît ses mensonges, ses vanités, les points vulnérables de son corps. Je pensais enfin à l'Europe d'une autre manière qu'avant de la quitter. L'Europe n'est pas une morte, c'est une souche qui a laissé tomber un peu partout des racines adventices comme un figuier banyan : attaquons la souche d'abord. Tout le monde meurt à l'ombre de ses feuilles.

XIV

Trop lentement au gré de mon impatience, je reviens. J'allais dire, je remonte : nous croyons penser à l'univers, nous ne pensons qu'aux cartes et, pour passer du Sud au Nord on lit la mappemonde de bas en haut. Dans le ciel cela ne veut rien dire. Le Nord est dans tous les sens.

C'est encore un voyage freiné tous les jours par les vents, les embarquements et les débarquements de marchandises. Entre Massaouah et Djeddah il faut marcher contre une tempête aveuglante et blanche au mileu des brûlures de l'air remué, la vitesse descend à cinq nœuds, je mange des bananes de Chine, cadeaux d'un marchand arabe d'Hodeidah, je sens l'odeur des moutons dans la cale, je suis ivre d'impatience et de fureur, va-t-on lancer jusqu'aux vents contre moi ?

Les villes à moitié enfouies dans les sables, tassées derrière les lignes de madrépore font des signaux d'appel aussitôt annulés. C'est un film horrible de promptitude et d'éclipses qui laisse des souvenirs déclinants.

Zeilah est l'un des ports de la côte britannique des Somalis, on dit qu'elle fut aussi un port de la Reine de Saba. Elle est bâtie à soixante milles environ vers le Sud-Est de Djibouti.

Ce n'est qu'une bourgade qui dépasse le niveau de la mer comme un radeau : du pont des navires, elle est une sorte de mirage usé : ce n'est point une de ces hautes apparitions de soleil qui dominent la plaine des eaux à la façon de grandes galères couvertes de pavillons, de clochetons, et de mâts, mais une image érodée par le sable, les grands vents et le soleil.

Comme la haute mer est séparée du rivage visible par un de ces hauts fonds insidieux dont on suit les détours sur les Instructions Nautiques, les bateaux restent au large : les passagers descendent d'abord sur un petit boutre indigène, penché sur l'eau même si le vent ne souffle pas, avec ses marins noirs accroupis à l'avant, impatients de toucher la côte de leurs mains. Puis le boutre racle le fond. On est porté dans une chaise par deux grands Somalis qui débrouillent les couloirs du fond comme un écheveau familier. De jeunes garçons courent et la mer jaillit, ils crient douchés par l'eau de cuivre qui ruisselle sur leur peau de ce beau noir à reflets rouges du pays. Leurs cris qui filent vers le ciel ne retombent plus.

Le sol est comme un mortier de poissons morts : chaque pas écrase des arêtes, des coquilles, soulève une poussière mêlée d'écailles.

Un cri d'enfant, une querelle de vieille femme, un bêlement de mouton qu'on égorge derrière un muron, nul bruit de pas, nul chuintement de feuilles, pas de chants, de disputes — un silence sans frontières tombe du ciel comme une pluie de cendres lancée par un volcan plus lointain qu'un appel d'alouette.

On voit des groupes dormir sur des places vides. Dans des pièces blanches démeublées, des commerçants désœuvrés achètent et vendent quelques peaux. Ils fument ces cigarettes à l'*Eléphant*, aux *Ciseaux*, que Wills fabrique pour les gens de couleur, et qu'un Blanc ne fume pas. Les hommes de Zeilah se nourrissent-ils de pierres ? Se sentent-ils oubliés au bord de leur désert ? Vivent-ils sous la terre pour habituer leurs corps au grand poids de la mort ?

A Hodeidah, port de Sana, de Manacha, du haut Yémen, dans les entrepôts, à l'extrémité de longs couloirs, derrière des vantaux travaillés, sont effondrées les collines verdoyantes de café où, comme dans un bain froid, les membres perdraient leur sueur. Les petites Juives descendues de leurs montagnes de Sana trient ce café. Elles sont couvertes de toiles bleues et passées, elles mordent dans le vent du désert le bout mouillé d'une étoffe rouge et noire. Sous leurs crasses qu'elles pourraient inspirer de désirs ! Faute de temps ces désirs se désagrègent au soleil.

On est en avril : c'est le moment où les pèlerins montent vers Yembo et Djeddah, ports de Médine et de La Mecque. On croise du côté de Loheyah des transports chargés de gens de la Malaisie et de l'Inde qui traînent sur l'huile des eaux, calmes voyageurs qui voient la sainteté au bout de leur voyage. Ils possèdent des suites d'enfants à bonnets dorés, des malles de métal peintes à fleurs, des parapluies de coton. Il leur faut du loisir pour attendre le bon plaisir des quarantaines, des bureaux, des douanes, des médecins égyptiens à la politesse sifflante. Assemblés sous les hangars en plein vent des ports, ils monnayent des fortunes de patience. Au milieu de Djeddah pleine de pans de murs écroulés, d'amoncellements de gravats et de déblais, du côté du tombeau de la Grand-Mère et de la porte de La Mecque attendent pareillement les caravanes de chameaux tout chargés et les Ford sordides qui datent des premières comédies de Mac Sennett. Tout est espoir dans une torpeur de maladie. Les pèlerins endurent tout, les brutalités, les délais, les vols des entrepreneurs de pèlerinage. Il manque les bidons bleus, les Bernadette de plâtre, les médailles de la Vierge, les polytechniciens brancardiers, on se croirait à Lourdes.

Des drapeaux pendent comme des peaux le long des hampes, ce sont les pavillons des consulats d'Europe, des pays qui possèdent des sujets musulmans. On pense à une Genève de l'Islam : le drapeau rouge des Soviets accepte pour une fois la compagnie meurtrière de l'Union Jack. Cependant les consuls dorment derrière leurs balcons fermés et ajourés dans tous les coins de cette ville sans glace où le sirop de violettes a la température d'une potion.

Dans le port, entre deux rangées de coraux, le yacht

blanc du roi Ibn Séoud achève de rouiller sur une eau de sulfate de cuivre.

Patience, sommeil, sont les deux mots de passe de ces terres inconsolables décorées de merveilles sinistres et d'hommes de mauvais augure. Un poème arabe fait dire à l'Arabe : « Je suis le Fils de la Patience. » Cet Orient sèche au soleil comme les poissons échoués, comme les morts dans l'air sans germes du désert. C'est une corruption stérile. Des habitants dont le nombre paraît immense au milieu de ces solitudes minérales remuent faiblement. Conduits par des activités dont le sens s'est complètement évaporé, ils se laissent couler vers la mort, assis sur des pierres tombées de leurs maisons. Ils sont dans une espèce de béatitude muette dont ils sortent pour parler à toute vitesse, pour signer de moment en moment des papiers de commerce.

Un Européen n'arrive pas à séparer, dans les idées qu'il peut former de la vie, les gestes humains des apparitions rafraîchissantes des végétaux, des rivières et des machines. Une inquiétude que les meilleures raisons ne sauraient dissiper saisit ce petit-fils de paysans et d'artisans devant une existence consacrée à des tâches inexplicables qui ne se mesurent pas en dernier ressort à la croissance d'une moisson ou à la production d'un outil, devant des loisirs qui ne comportent pas normalement la marche dans un jardin.

De sa vie à celle des plantes le plus facile et le plus constant des échanges est institué : le mouvement des saisons, qui ont pour lui une réalité végétale, lui sert de repères. Ses divertissements, ses repos sont saisonniers, ses fêtes religieuses mêmes. Il connaît des travaux et des plaisirs pour les quatre saisons. L'habitant des villes n'est pas exclu de ces lois, il lui suffit de voir les feuilles des marronniers pousser, les cerises paraître chez les fruitiers. Il sait dominer les forces modestes de ses climats : il entretient donc l'illusion d'une nature docile et peut-être complice, assujettie à ses propres destins. Sur les bandeaux tempérés de la terre, il se croit libre parce qu'il triomphe.

L'Européen est encore mécanicien. L'invention, l'usage et l'intelligence des instruments, des machines occupent les heures qui ne sont pas rattachées finalement à un sol

138

capable de productions. Chacune de ces opérations lui prouve également son pouvoir. Il ne forme aucune idée naturelle de la fatalité. Ces gestes pourront encore sauver les gens d'Europe.

Mais sur les zones du désert, les hommes n'entretiennent que des rapports trop mystérieux ou trop simples avec une terre qui ne participe pas aux générations utiles à la vie. Elle est un espace pour des marches uniformes, un objet pour une contemplation monotone. Entre la presqu'île du Sinaï et l'île de Socotora, il faut accepter une nature où les hommes sont véritablement étranges : ils ne peuvent rien, leurs souhaits, leurs désirs n'ébranlent pas la permanence du désert. Les incidents du climat, les tempêtes de sable, les orages prennent une violence telle qu'elle exclut toute tentative humaine de résistance ou d'utilisation. Faute de blé, par excès de vent, faute de rivières, on ne trouve pas de moulins. Sur cette impuissance se fonde la croyance dans la fatalité. Un homme qui peut en même temps aimer une chute d'eau et monter sur elle une turbine ne croira pas que toutes choses sont écrites.

Alors ces villes perdues communiquent à l'homme d'Europe une sorte de maladie de la paresse. Reniées, oubliées, elles se consument, la vie prend les déguisements de la mort. Ne parlez pas aux gens de l'Europe du kief, du nirvâna. Ils vous diront de laisser les morts tranquilles.

La Méditerrannée finit par reparaître, peuplée de tous les noyés antiques.

Le cercle bouclé, je vis un matin le château d'If, et devant des collines blanches. Notre-Dame-de-la-Garde. J'étais servi : les premiers emblèmes venus à ma rencontre étaient justement les deux objets les plus révoltants de la terre : une église, une prison.

XV

*FRANCE QUI M'A NOURRI
DU LAIT DE TA MAMELLE*

Voici, une fois encore, la France. Je m'approche d'elle. Chaque tour d'hélice diminue la portée. Passage des îles, vue de Marseille, douaniers. Je la reconnais, cette face familière d'une nation : j'y suis né et j'y ai grandi, comme Brer Rabbit dans son buisson d'épines.

J'en ai moins vu qu'Ulysse, mais voici mon Ithaque de nomade où aucune femme fidèle ne m'attend. J'ai passé par des villes, mais les mêmes hommes vivaient partout. Lorsque le voyageur revient, il a eu le temps de dresser les plus longues listes de ses comptes pendant toutes ces nuits à ruminer sous les ventilateurs et toutes ces journées de fer à blanc. Leur règlement n'est pas nécessairement si vif, si prompt, si joyeux que celui de l'Odyssée. Je lisais cette rixe comme la plus exaltante prophétie qui pût être promise à un homme :

« Ulysse regardait sévèrement, s'assurant qu'aucun prétendant n'avait échappé à la Parque. Il les voyait allongés dans la poussière et dans le sang. Comme des poissons entre les mailles d'un grand filet, traînés sur le sable sec loin de l'écume et de la mer. Ils cherchent les vagues et le feu solaire dessèche leur vie. »

Dans un salon de paquebot décoré comme une salle funéraire de pharaon — et tous les acteurs de la Comédie-Française et les dames des fonctionnaires débordaient de reconnaissance envers les Messageries Maritimes — j'ai reconnu la France à son image. Tous ses vices sortant des charmants dessins conventionnels auxquels se réduit la connaissance de la terre : il y a des êtres qui font sortir à la surface de leurs portraits le mal qui est en eux. Sur une carte de géographie, elle s'étalait petitement, avaricieuse entre ses mers, ses montagnes, son Rhin. Boîte fermée à clef. Les bornes assignées par les hasards des formations géologiques et de cataclysmes préhistoriques profitables aux futurs cultivateurs et aux marchands d'acier encore endormis dans les recoins d'un grand singe, ces bornes ont justifié sa large part de lâchetés et d'assassinats historiques et les quelques gloires militaires qui ornent les dernières homélies des maréchaux de France rengagés dans l'Académie française. Ces morceaux de terre suffisent à ses politiques, aux vieillards irrités qui gouvernent ses destins, aux grands patriotes, à tous les mange-cadavres, à tous les fouille-caveaux qui remettent les vieux morts de France sur leurs pieds et défendent de la dernière pourriture ce qui n'est plus à sauver. Il flotte partout une odeur d'embaumement. Comment voulez-vous qu'on prenne au sérieux des gens qui ne voient jamais plus loin que cinq cent mille kilomètres carrés ?

Ce pays peuplé de conducteurs d'esclaves et d'esclaves dociles auxquels la longueur, chaque jour réduite de leurs chaînes donne encore l'illusion de la liberté et les allures du pouvoir, est entouré par la mer. Il n'en fait rien. Il craint que ses fils ne se trempent les pieds et ne s'enrhument. Jean, reste au village. Cette chanson retentit chaque soir d'été sur toutes les plages publiques des provinces. L'océan est pour les maîtres des Français un réservoir de défenses, un prétexte de défenses, de batteries, de sous-marins, de croiseurs. Etre tentés par la liberté ? Qui parle de tentations ? Qui donc prend la voix charmante de l'Esprit du Mal pour séduire les Faust qui balbutient dans les chefs-lieux de canton ? On nous envahirait. Les Français ne peuvent pas sentir les sirènes.

La France est en proie à des rêves d'impénétrabilité. Avoir des frontières de diamant, de corindon ! Mais seulement, hélas, ces limites d'eau, de granit, de schistes.

Sale encore des excréments et de la crasse de sa guerre, elle gémit sur sa pauvreté, sur sa dignité, sur sa mission spirituelle et la petitesse de ses bénéfices et la grosseur de sa bonne volonté. Car elle est menée par des marchands hypocrites qui cachent les profits des bilans et pleurent sur la dureté des temps. Leurs voix répètent en son nom qu'elle est la capitale de l'esprit, la fille aînée de l'Eglise, la muse de la démocratie : ainsi nourrissent-ils d'illusions les hommes que les hasards des mariages, de l'amour et des voyages ont doués de la qualité de français. Ventre creux a beaucoup d'oreilles. Ainsi en font-ils accroire aux gens qui dorment de l'autre côté de ses frontières dans des lits scandaleux qui n'ont pas la forme de ses lits.

J'entends par France la bande de possesseurs du territoire, des mines, des carrières, des usines, des moulins, des immeubles, la bande des maîtres des hommes, qui me donnent le droit d'identifier la France à leur somme puisqu'ils prétendent en tous lieux avoir seuls le droit de parler en son nom. Il n'est pas l'heure de parler de leurs victimes, des ouvriers agricoles et des manœuvres, des soldats et des employés, des vendeurs de cravates et des filles avortées, des hommes et des femmes à qui la France n'appartient pas.

La France n'est d'ailleurs pas une personne comme les statues de Dalou pourraient le faire croire aux enfants des écoles. Il ne faut pas s'imaginer qu'elle est un personnage de taille surnaturelle marchant avec des oiseaux sur la tête entre les murailles qui ferment son domaine, une espèce de grande reine des abeilles, mère de quarante millions d'enfants. La France est une collection d'hommes, d'événements et de produits.

Je n'aime pas ces hommes, ni leurs produits, ni les événements français. Que personne n'essaye de me faire honte parce que j'insulte une déesse. Eternel visage. Eternelle maîtresse des généraux. Je n'ai pas manqué de respect à cette vierge qui n'existe pas.

France possédée, possesseurs de la France, possesseurs français, possession de la France, jeux de vocabulaire.

De ces possesseurs, pas un ne manque. Ils accourent à mon appel comme les mouettes se pressaient autour de moi il y a longtemps, le jour où j'arrivais dans le pays des vacances. Pas un absent parmi ces petits-bourgeois desquels je fus l'égal, avec leurs faux cols propres, longtemps empesés, aujourd'hui d'une mollesse qui leur donne une fausse élégance d'Américains, leurs costumes noirs, deuil éternel de n'importe qui, d'un cardinal, d'une femme, d'un oncle, d'un chien terrier, leurs chapeaux melons, leurs chapeaux mous et les cannes du dimanche. Pas une ne manque de leurs femmes oisives ou de leurs femmes ménagères, qui marchent dans l'amour comme un escadron dans du blé — et il n'en reste pas un épi debout. Pas une de leurs pauvres prostituées en uniforme, de leurs enfants étranglés par la sagesse des pères. Pas un de ces visages corrects qui n'arrivent pas à dissoudre le matin dans leurs cuvettes les traces de l'orgueil, ou de la lâcheté, ou de l'ennui. Je marche et je vois à ma droite et à ma gauche devant moi et quand je me retourne, mes anciens frères, qui furent le terreau de ma croissance, forte couche végétale de commerçants, de professeurs, de délégués sénatoriaux, de voyageurs de commerce, d'industriels, d'avocats, d'officiers. Liseurs de livres. Hommes qui passent un mois à la mer, qui rougissent d'avoir la syphilis, mais ne sont qu'indulgence pour la blennorragie, qui détestent l'amour et respectent le mariage, qui reconnaissent chaque matin leur portrait tiré dans les journaux à des millions d'exemplaires.

Je reconnais le plus infime de leurs gestes, et pas un seul n'arrive à me toucher : je suis dans la moins émouvante des nations. Je comprends les titres des livres, les cris des rues, le mot Radical et le mot Esprit. Un citoyen français revient avec moi, ou plutôt ce double m'attendait à Marseille, il m'emboîte le pas. Je vais tout mettre en œuvre pour le perdre. Il m'apporte tout ce qui tombait loin de moi quand le nom de ma province était celui de l'Hadramut.

Arabie-France, Aden-Paris, Versailles-Lahej, les noms de pays, les appellations des villes sont désormais interchangeables, je sens que je pourrais aussi bien dire Paris-New York, Londres-Melbourne. La place de l'Opéra recouvre exactement le Victoria Crescent, les bureaux de mes parents, de mes amis, ceux des firmes angloindiennes, la caserne de Clignancourt, celle du 2ᵉ Devon. Les gens que je croise à la sortie du métro à six heures, sortant de ces bouches hébétés comme Orphée, ont les bras ballants, les fronts gris, les corps empruntés aux machines des compagnons que j'accompagnais au club vers la fin de l'après-midi, à Aden.

Aden me disait que je comprendrais tout dans mon pays natal. Mais je ne tire aucun orgueil d'une intelligence capable de pénétrer des phonographes : il n'y a rien de plus aisé à comprendre que des modèles démontables. Ainsi un enfant découvre tous les mystères du corps humain sur des cadavres de carton : il soulève un couvercle, et il décroche le cœur, un second couvercle et le côlon transverse lui reste dans les mains.

Les Français vivent tous les jours de leurs interminables vies comme des escargots dans leurs coquilles, trop lourdes pour qu'ils franchissent avec elles les grands déserts qui les séparent des actions et des pensées. Ils s'arrangent avec une habileté de vieux titulaires des rentes viagères pour que rien n'arrive parmi eux. Pas même ces rencontres d'automobiles pleines de fusils mitrailleurs, dernière ressource américaine pour s'amuser en société.

Ce sont des corps envahis par les parasites et par les résidus de la mémoire, qui ruminent dans le fond de leurs lits ce qui se passa autrefois, et ce qui pourrait venir. Ils projettent dans l'avenir des profits qu'ils savent par cœur, ceux de la piété, de la conscience professionnelle, des périodes militaires, de l'amitié des classes, des maisons de tolérance. Comptables économes calculant dans les coins. Amants économes se satisfaisant seuls dans les coins. Ils se fuient, ils se détestent, car ils vivent entre eux comme des étrangers. Ils ne sont jamais que des complices. Approcher réellement d'un autre être les effraye comme une descente aux enfers. Ne leur parlez pas de l'amitié, ils préfèrent les tables tournantes. S'ils aiment une femme, ils veulent la dominer comme un manœuvre, la posséder comme une paire de gants.

Leurs penseurs ont frabriqué à leur usage des modèles stérilisés de l'homme. On apprend à les démonter à l'école et ce travail dispense de la connaissance véritable et de l'amour efficace : on est même bien content d'en savoir si long sur l'homme, c'est plus qu'il n'en faut aux affaires, et ces descriptions abstraites sont après tout suffisantes pour ce qu'on fait de l'homme : elles constituent ce qu'on appelle la Culture.

Ils sont dans leurs terriers, défendant tout le temps leur propriété contre les propriétaires d'alentour et la Propriété contre ceux qui ne possèdent rien. La France, ce pays des procès pour les murs mitoyens. Partout, pièges à loup, chiens méchants, ronces atificielles, verre cassé, culs de bouteilles, code civil : si quelque chose leur paraît vraiment aimable c'est l'écriteau : Défense de passer.

Tous mes parents, tous mes cousins, tous mes camarades d'enfance font partie de cette espèce humaine qui vit stérile dans ses pourboires et ses respects.

Dépassée en pouvoir et en dignité par ceux qu'elle nomme elle-même grands bourgeois, elle exécute leurs consignes, collée à leur destin, unie à eux, pour opprimer un immense prolétariat qui sort de l'inconscience comme d'une nuit et porte le dernier espoir des hommes. Cette Sainte-Alliance lui est payée par des profits pour lesquels elle a su inventer des noms : cette espèce délicate rejette les mots qui désignent le prix du travail réel, ouvrier et paysan. Comme elle feint que son travail soit une mission spirituelle, des mots la distinguent des gens mercenaires qui ne travaillent que pour manger : elle touche des traitements, des honoraires, des appointements, des indemnités, mais non un salaire, une paye. Vient finalement le jour glorieux où ses membres reçoivent un dividende : ils savent qu'ils ont franchi enfin la barrière idéale qui les séparait encore de la parfaite complicité. Ils peuvent prononcer avec la seule émotion sincère qu'il leur soit donné de ressentir le mot religieux de Capital. Entre leurs maîtres et eux, il n'existe plus qu'une différence de quantité, mais ils sont de la même essence. Que vous ayez une action ou mille, le nombre ne compte plus. Toute leur bassesse, tout le poids dont ils pèsent, toute leur absence d'humanité proviennent de ce passage. Ils ne défendent plus leur vie, mais un profit luxueux et l'idée qu'il donne de leur importance. La grandeur de ce profit même n'entre pas en ligne de compte. Ils peuvent en arriver à être cruels. Ils sacrifient tout en faveur de l'ordre qui leur garantit ce profit et leur assure la permanence de leur transformation mystique de travailleurs en rentiers. Bien que ces profits ne procurent aucune satisfaction concrète. Un profit achète des objets : il ne se manifeste que par un achat. Ces achats sont morts, ces objets sont dès qu'on les possède usés jusqu'à la corde : ils engendrent une maladie, des faux désirs. Pour jouir de ses profits, pour rendre ses profits sensibles à sa propre conscience, un homme ne saurait les métamorphoser qu'en attestations de sa solitude et de son pouvoir. Les satisfactions les plus simples ne lui parviennent qu'à l'instant où elles provoquent la dépense d'un profit : un bourgeois ne se fait pas soigner à l'hôpital, mais aime payer son médecin. Il souffre que la femme qu'il aime soit gratuite pour lui : il veut la payer. La seule fin est de dominer par un pouvoir d'achat, qui fait que l'acheteur est envié et écrase d'autres hommes. Ce pouvoir peut être aussi réduit que l'on voudra. Ainsi le mépris qu'ils éprouvent, l'envie qu'ils provoquent, sont les sentiments de leur vie. Ils ne se sentent vivre que si quelqu'un les jalouse ou les hait. Ils s'en contentent car il faut bien se sentir vivre, sentir qu'on est. Personne n'est content de l'ennui. Je dis qu'ils s'ennuient car leur véritable vie est tuée sans réparation. Les hommes ne sont pas comme les crabes : leurs parties amputées ne repoussent pas toutes seules.

Réalité dissoute. Existence de fumée. Passions des rêves. Ni vu, ni connu, l'homme est passé au compte de profits et pertes.

Il existe un travail et une possession réelle, je veux dire chez les paysans, les artisans, les poètes, pour lesquels la possession signifie l'unité de l'action, du prix, et du produit. Mais les bourgeois produisent et possèdent abstraitement. Comme il y a beau temps qu'ils ont hérité d'Israël, ils passent la vie à prêter à intérêt. Ils commanditent, petitement ou grandement, ils sont porteurs d'obligations et touchent des sommes abstraites versées par des débiteurs abstraits : une ville, une compagnie, un Etat, un chemin de fer. Ou ils possèdent des actions : des ouvriers de chair travaillent pour allonger leur existence de fantômes. Entre les êtres et eux, la vie humaine et eux, la banque est suivie de son cortège fantastique de bourses, de charges, d'agents de change. Le genre de possession et de profit bourgeois les sépare de tout ce qui est réel : ils connaissent seulement des signaux et de féeriques contacts à distance. Leur monde est magique. Le jour où ces gens tiennent entre les mains un pouvoir timbré, un titre vert, ils participent à la nature mystique d'un être qui n'existe pas. Ils absorbent leurs hosties de capital.

Ils ne sont pas. Ils sont conduits par les démons de l'abstraction. Qu'est-ce qu'ils pensent ? Qui les pense ? Etats civils, catalogues. Riches en étiquettes comme une vieille valise de voyageur. Dans les solides réguliers de leurs chambres, ils mettent sous clef tous leurs répertoires de signes et d'emblèmes, pour dormir d'un sommeil tranquille : un livret de mariage, un livret militaire, une carte d'électeur, et l'écume de papier que laisse la circulation de l'argent dans les maisons des hommes.

Tous les monuments de la France défendent l'état magique de ces hommes. Leur vie d'asile est protégée, à tous points cardinaux, contre les tentatives de la vie au grand air. Il est impossible de respirer, on est au fond d'un puits. Je sais pourquoi je me sentais étouffer, ce n'est plus un étouffement obscur, un aveugle mouvement de débat dans un rêve, mais la mutilation au soleil, l'asphyxie au grand jour. Avec un beau public pour me voir étouffer. Tout ce qui est debout autour de moi appartient à mes ennemis. Je n'ai rien, je ne jouis de rien. Je vois partout les preuves de pierre de leur domination, les églises, les palais nationaux, les casernes, les instituts, les commissariats, les palais de justice, les bordels, les ministères. On ne peut pas étendre les bras sans toucher du bout des doigts la porte d'une banque, la poitrine d'un agent, d'un chevalier de la Légion d'honneur. Ferai-je échapper la femme que j'aime ? Ils mettent leurs bâtons dans les roues de l'amour. Ils accourent de toutes parts à l'endroit où se fait entendre un mot de protestation, où se produit une tentative de délivrance. Quand ils se retirent, ils laissent la place nette : leurs policiers, leurs badauds et leurs sages agissent avec la certitude rêveuse des machines. A quoi pense un tour vertical ? A quoi pense l'agent 36541 ? A quoi pense M. Bergson ?

Je comprends qu'on est étranglé dans ce pays qui est plein des genres, des variétés, des familles d'Homo Economicus.

Quand des savants assis dans leurs fauteuils, il y a déjà longtemps, se sont mis à décrire les apparences et les mœurs d'Homo Economicus, bien des gens ne les crurent pas sur parole et en appelèrent à l'homme réel de l'homme abstrait. Personne ne pouvait alors se rendre compte que ces professeurs et ces calculateurs étaient simplement en train de décrire la nouvelle existence abstraite de l'humanité et signalaient les premiers l'éclipse de l'homme réel. Personne ne soupçonnait que leur description ne paraissait abstraite que par fidélité à l'abstraction de leur modèle nouveau.

Dans ses commencements, Homo Economicus était simple et unique, comme le triangle. Tous ses exemplaires se ressemblaient comme des épingles. Mais il a eu de la descendance, il a donné naissance à des familles qui ne s'aiment pas toujours bien qu'elles aient le même ancêtre. Homo Economicus est maintenant banquier, industriel, commissaire, coulissier. Il a des variétés de rentiers, de petits propriétaires, de joueurs de bourse. On peut rencontrer un Homo Economicus fonctionnaire, ouvrier même. C'est un animal content de son économie du profit supplémentaire. Bien qu'il répète avec l'amour des sentences : on n'a rien pour rien, il a ce profit sans rien donner en échange. Il tient d'autant plus à lui que ce profit est vraiment gratuit. Il a le corps d'un homme. Tous les chiens, tous les chevaux, les femmes et l'ange de la Mort ne le prennent pas pour une simple caricature de l'homme, il aime, il mange, il digère, il élimine avec des organes d'homme, il ferme les yeux, la nuit, il sait marcher. En dépit de ces apparences, il se rapproche plutôt des distributeurs automatiques, c'est un appareil qui parle et avance, aussi peu humain que les lampes qui s'allument, que les moteurs qui tournent quand leur courant passe. Il est possible que les lampes croient s'allumer volontairement, que le volant ne tourne pas sans une conscience agréable du libre arbitre de sa rotation.

Homo Economicus marche sur les derniers hommes.

il est contre les derniers vivants et veut les convertir à sa mort. La grande ruse de la bourgeoisie consiste à rendre les ouvriers actionnaires ou rentiers : ils sont alors conquis à la morale et à la dureté et à la mort d'Homo Economicus. Les hommes seront-ils éternellement dociles à ce piétinement et à la séduction des machines parlantes ? Il est temps de détruire Homo Economicus, qu'on peut blesser : il est vulnérable comme un homme lorsqu'il est nu. Mais on ne saurait le persuader : il ne sait pas qu'il vous écrase, ni pourquoi il le fait : le capital exige qu'il écrase, c'est comme la loi d'un dieu. Le capital lui donne assez de passion, de sentiments pour qu'il fasse son ouvrage avec conviction : les passions mêmes augmentent le profit et le rendement. Il écrase sans dessein, sans justification. Il n'est pas admirable, ou parfait, ou bienheureux, parce qu'il écase. Homo Economicus n'a pas de joie, il ne tire pas de bonheur du malheur des hommes. Je ne vois pas à gauche d'un juge des esclaves et à sa droite des hommes achevés, des surnaturels de la France. Aucun sacrifice ne sert à la beauté ou à la joie d'Homo Economicus : avez-vous seulement regardé ses plaisirs, ses visages ? Il est impossible de trouver pour lui des justifications humaines à l'absurdité de sa vie et à la fatalité de sa puissance. Impossible de reprendre les prétextes de Platon justifiant esclavage et déchéance par la production de sages réellement joyeux dont la vie pouvait peser dans une balance des positions humaines d'un poids égal à celui de dix mille fois dix mille travailleurs enchaînés. Vous ne vivez pas au Ve siècle avant le Christ. Ni même au temps du Christ. D'ailleurs ce maigre sorcier ne protège plus que les fondeurs de fers, les filateurs et les marchands de caoutchouc.

Homo Economicus a son illusion du bonheur : il parle de sa puissance, et il entretient des hommes pour lui fabriquer des illusions : des romanciers, des historiens, des poètes épiques, des philosophes. C'est qu'il éprouve de temps en temps, quand un de ses organes marche mal, que sa vie n'a pas la substance que réclame la vie. Il se jette donc sur les satisfactions imaginaires. Par bonheur c'est un animal respectueux qui aime les pensées de vénération. Homo Economicus respecte ce qui le protège. Il respecte à tous les étages. Confort moderne de la conscience. Il embrasse par exemple avec une ardeur imitée les causes inventées pour rendre son désert supportable : celles du droit, du devoir, de la loyauté, de la charité, de la patrie. Ces mots eurent du poids en leur temps, bien qu'il soit désormais impossible de saisir qu'ils composèrent un langage humain, et nommaient des objets pour lesquels des hommes pouvaient mourir : seule preuve de l'amour. Mais ils sont vidés. Ce sont des coquilles qui s'entrechoquent dans les conseils d'administration et les conseils de cabinet où les politiques habillent leurs mauvais coups. Il respecte par exemple leurs grands hommes. Les grands le justifient. Il faut voir les Français défiler les jours de fête devant les héros qu'on procure sagement à leurs besoins de récréation. Aux tours de chiens savants de leurs penseurs. De leurs ministres. A leurs tours de chiens savants devant leurs Morts. Et ils appellent ces tours la communion et la vie. Il faut les voir quand un de leurs petits grands hommes est mort. Ils sont chez eux dans ce sublime de tentures, de drapeaux et de messes. Ils se portent en foule vers les lieux d'exposition publique, hommes, femmes et petits enfants avides de bons exemples. Il y a ces jours-là de grandes bandes silencieuses de moutons noirs gardés par la police ; quand le soir arrive, lorsque le nombre des voitures diminue, on n'entend plus que ce piétinement humide des invités dans les églises les jours de noce et de funérailles. Les figures de pierre molle ne remuent pas les lèvres. Les têtes sont inclinées. Tous les cœurs sont emplis de cette pourriture nommée Majesté de la Mort. Une aimantation mystérieuse les entraîne du côté des cadavres, comme les insectes qui pâturent en file sur les petits cadavres d'animaux, les taupes, les belettes, les rats. Pauvres de divinité, ils sentent qu'ils ont de la chance d'avoir un mort à adorer entre les reprises de leur tâche Rien à se mettre sous la dent. Que des charognes. Ils flairent la douleur pompeuse des familles importantes égalées enfin aux bandes anonymes. Quelle jouissance de marcher entre des barrières de bois, de tirer son chapeau, de faire Au Nom du Père ! Ce contact les recharge comme de vieilles piles. Ils jouissent de leurs dieux morts accessibles enfin, avec leurs dents saillantes, leurs joues enfoncées et leurs mentonnières.

Il y a encore des fêtes patriotiques, l'exaltation de voir passer des mitrailleuses, des canons plus poétiques que des seins, les fêtes nationales où seule leur dignité les arrête de ramasser la première fille qui passe dans la rue. Il y a les courses. Les mariages. Les cérémonies mondaines. De nouveau à tous les étages, au Cercle Interallié, ou chez le pharmacien de Tours, ou chez Ch. L. Dreyfus.

C'est tout ce qu'on trouve pour les amuser, avec les livres d'Anatole France et de Paul Valéry. Avec les théâtres. Les tableaux. Quand les jours de communion sont passés, ils retombent dans leurs privations, sans s'être rendu compte au moins de cette vérité qui court les rues : que les hommes et les femmes ont des corps, des bras qui heurtent la foule, des visages à aimer. Ils ne s'avisent jamais qu'il y avait des hommes aux funérailles de Foch, des femmes le jour du Onze Novembre, des jambes et des bras au Cercle Interallié. Ils ignorent toujours le parti qu'on peut tirer un jour de fête, si basse que soit la fête, de rencontres qui ne leur mettent que des injures dans les dents ou des politesses sur la langue.

Ils sont pauvres, avec tous leurs profits. Aussi pauvres que les hommes que j'aime, que moi-même. Les gardiens de prison connaissent un ennui presque aussi vaste que celui des prisonniers, les adjudants ne sont pas beaucoup plus joyeux que leurs hommes. Mais ils possèdent des masques lorsqu'ils se regardent dans les glaces. Ils ne reconnaissent pas leur mauvaise mine derrière le carton doré. Mais nous, nous ignorons les masques, nous voyons notre bassesse, notre indigence et l'essence de notre malheur, nous savons nos mutilations, rien ne trompe notre appétit, nous ne suçons pas des cailloux pour oublier notre soif et feindre qu'elle soit étanchée. Leur vie, la succession de leurs années, l'ordre de leur destinée reposent sur notre anéantissement.

Leur vie est nourrie par l'orgueil qu'ils en tirent, par une déformation, une dilatation ignobles de l'amour de soi. L'orgueil les empêche de voir leur propre impatience d'indigents, leur besoin de diversion et de légendes. A Aden, on remettait les diversions et les légendes au temps du retour en Europe. Ils se mettent dans la bouche de fausses nourritures orgueilleuses, ils écrasent avec orgueil, ils font parfois d'orgueilleuses charités, ils s'assoient pour manger, se couchent pour dormir dans des salles orgueilleuses, ils lisent et regardent des spectacles avec l'orgueil de comprendre des écrits, des images qu'ils sont seuls assez initiés et oisifs pour saisir. Unique compensation : posséder ce qu'autrui n'a point. L'orgueil est engendré par une haine contre les hommes, un goût de faire du mal. Ils ne savent pas qu'ils aiment exercer leurs mauvais pouvoirs, mais la puissance d'écraser, la capacité d'humilier sont les seules activités qui leur donnent conscience d'eux-mêmes. Aucun autre pouvoir réel ne leur échoit : s'ils sont fiers, ce n'est pas comme Beethoven le jour où il avait achevé la symphonie avec chœurs, comme Lénine le jour où il voyait que la révolution était victorieuse, mais comme un singe qui a trouvé et mis un vieux haut-de-forme. Ces singeries cachent leur malheur. Et Homo Economicus pense être satisfait de son sort, puisqu'il est envié par ses parents pauvres. Que personne parmi les vivants ne perde son temps à lui décrire son malheur et sa stérilité. Epicure ne cherchait pas à sauver les tyrans et les banquiers mais sauvait des artisans, des esclaves, des putains. J'ai entendu le rire de cette machine : il est plus facile de la détruire que de l'animer des souffles humains. Si l'un de nos ennemis découvre qu'il confond l'écume avec la mer il se sauvera seul. Mais aucun appel n'arrive aux sommets de cet orgueil, ne brise tant de sédiments des mauvaises habitudes. Si les derniers filets de la sève humaine sont taris dans les plis de leurs vaisseaux, que personne ne fasse rien pour ces vieux arbres.

Mais leur malheur ne les regarde pas seuls. Leur malheur et ses causes sont défendus et maintenus par eux, avec ruse, avec violence, avec obstination et sagesse. Leur vide entraîne le malheur de ceux qui n'aiment pas le néant, mais la vie. J'avais bien raison d'avoir peur : ces ennemis rêveurs et pleins de nuit sont terribles. Je craignais à la fois leur propre vie et celle qu'ils font mener aux hommes. Anonymes comme la corde de pendu : cette corde sans désirs et sans joie pend. Ils ne seront pas justifiés. Ils seront mesurés : eux et leurs âmes. Car ils ont des âmes.

La police, le gouvernement, l'éthique, la justice, le péché, la sanction, font remuer leurs pensées : une âme c'est ce qui n'est pas la chose d'un homme, mais arrive du dehors pour vivre en lui. L'âme est une possession. Il est temps d'être délivré de ces démons. De même le capital est une âme. Ils ont bien plus d'âmes que moi, ils ont des âmes plus nombreuses encore que les hommes d'Aden, car ils doivent se défendre. A Aden personne ne mettait en doute la souveraineté de l'homme économique. Personne n'accusait son vide. Personne ne dénonçait sa présence meurtrière. Reconnaissons qu'un révolutionnaire est un être qui peut se passer de l'âme. Ou encore qui n'a pas besoin d'état civil. Si vous voulez, je consens à vieillir sous un numéro d'ordre. Toute cette chiennerie abstraite de forces et d'idées est la cause véritable de l'esclavage et de la crainte confuse qu'il m'inspirait. L'heure me presse de détruire et de dénuder ces mannequins de peau, d'ossements et de calculs, que je prenais pour d'invincibles démons. C'est le moment de faire la guerre aux causes de la peur. De se salir les mains : il sera toujours temps d'avoir des frères. Je suis dans cette position de faire la guerre pour être complètement délivré de la peur qui m'atteignit comme une flèche, jusqu'en Arabie, quand j'avais le droit de me croire dans un lieu écarté et enfin pacifique. La fuite ne sert à rien. Je reste ici : si je me bats, la peur s'évanouit. Je suis à moitié sorti d'affaire. Il faut être attentif, ne rien oublier. Ils guettent au fond de leurs trous confortables : ce qui nous attend n'est pas un avenir séduisant. Devenir leurs pareils, avec le souvenir honteux d'avoir voulu dans la jeunesse vivre comme des hommes : devenir un de leurs serviteurs, chargés de besognes désignées par eux et prescrites d'un bout à l'autre. Pas d'autres fins sans batailles. Je craignais ces fins. Je ne veux pas mourir dans la dégradation d'un banquier, ni dans la déchéance d'un manœuvre docile.

Un banquier, un manœuvre enfin sont les derniers symboles élémentaires qui se lèvent au-dessus d'un horizon fumeux illuminé par les feux de Paris. Toute la réalité de ce monde ressemble à une caricature de la *Pravda*. Elle se joue sur la scène d'un guignol démesuré, construit et décoré par des communistes. Plus d'autres images : le Maître et le Compagnon, le Père et l'Enfant, Ariel et Caliban rejoignant le Seigneur, le Moine et le Serf dans le grenier des figures oubliées. Les poètes, les politiques, les philosophes trouvent cette vision simple et grossière et qu'il faut être plus fin. Ayons le cœur d'être grossiers : que l'esprit de finesse aille rejoindre les drapeaux et les grands hommes de la guerre dans les collecteurs des égouts. Il n'existe plus que deux espèces humaines qui n'ont que la haine pour lien. Celle qui écrase et celle qui ne consent pas à être écrasée. Il n'y a jamais eu de traité de Paix, il n'y a que la guerre. Chaque minute doit abriter une pensée contre nos ennemis : les vieillards en 1913 pensaient à l'Allemagne avec cette continuité.

Je vais vivre parmi mes ennemis. Constamment, c'est-à-dire non passivement, mais sans laisser le temps m'endormir du bruit paresseux et aimable de son cours, avec patience, attention et colère. Il me faut la vertu qui nous fit le plus complètement défaut, la constance. Mais il est plus facile d'être constant avec la guerre qu'avec la poésie, qu'avec une femme. La poésie et les femmes passent, mais la révolution n'est jamais passée.

Vous êtes solitaires. Quand vous dînez, quand vous êtes dans un théâtre, dans un cinéma, quand vous marchez sur un trottoir, quand vous êtes dans un lit avec une femme, cherchez des pièges. Les décors où vous passez sont dressés contre vous. Vous devez les détruire. Depuis votre réveil jusqu'à votre sommeil au fond d'un lit protecteur comme un ventre, vous vivez parmi eux, soyez comme des espions, vous réchaufferez la colère, vous ne vous laisserez pas de répit. Pénétrerez-vous sans la haine leurs secrets ?

Cette guerre est entièrement privée de noblesse : les adversaires n'y sont pas des égaux : c'est une lutte où vous méprisez vos ennemis, vous qui voulez être des hommes. Serez-vous toujours assis à votre catéchisme ? Il faudrait refuser un verre d'eau à leurs mourants : ils payent des notaires et des prêtres pour les assister dans la mort, leurs mourants n'ont que faire des secours de l'homme, ils ont ceux de la religion. Il est question d'une destruction et non d'une simple victoire qui laisse debout l'ennemi. C'est une guerre inexpiable ; nous ne sommes plus au temps des guerres féodales avec leurs trêves de Dieu. Nous ne sommes plus au temps de la lutte de Jacob avec l'ange. On raconte que, dans certaines cités grecques, les oligarques prêtaient ce serment : « Je serai l'adversaire du peuple et je lui ferai au Conseil tout le mal que je pourrai. » Laisserez-vous vos ennemis prêter seuls pareil serment ?

Que pas une de nos actions ne soit pure de la colère. Les loisirs pour respirer, les vacances de la nuit sont des heures perdues, des retards dans le combat. L'amour seul est aussi un acte de révolte, ils écrasent l'amour. Si vous trouvez que vos parents, que vos femmes sont du parti ennemi, vous les abandonnerez.

Il ne faut plus craindre de haïr. Il ne faut plus rougir d'être fanatique. Je leur dois du mal : ils ont failli me perdre. La haine va s'accroître de la colère de savoir que la haine est une diminution de l'Etre, un état qui a la pauvreté pour mère. Spinoza dit que la haine et le repentir sont deux ennemis du genre humain : j'ignorerai au moins le repentir, je ferai bon ménage avec la haine. Bon ménage avec l'oubli. Les devoirs honorés, les drames magiques engendrés dans les cœurs ne sont plus que les symboles de jeux meurtriers pour les hommes.

Il ne reste plus des voyages que de grands désordres d'images : la déroute des ennemis des hommes, des troubles sur la surface de la terre et quelques hommes en veston noir, les bras ouverts sur le pavé, au milieu de la place déserte de la Concorde.

DANS LA PETITE COLLECTION MASPERO

1. Jomo KENYATTA, *Au pied du Mont Kenya*.
2. Mao TSÉ-TOUNG, *Ecrits choisis en 3 volumes* - I.
3. Mao TSÉ-TOUNG, *Ecrits choisis en 3 volumes* - II.
4. Mao TSÉ-TOUNG, *Ecrits choisis en 3 volumes* - III.
5. Charles BETTELHEIM, *Planification et croissance accélérée*.
6. Paul NIZAN, *Aden Arabie*.
7-8-9. P.-O. LISSAGARAY, *Histoire de la Commune de 1871* (un volume triple).
10. Paul NIZAN, *Les chiens de garde*.
11. Emile COPFERMANN, *Problèmes de la jeunesse*.
12. *Le romancero de la résistance espagnole*, I.
13. *Le romancero de la résistance espagnole*, II.
14. Général V.N. GIAP, *Guerre du peuple, armée du peuple*.
15. Wolfgang ABENDROTH, *Histoire du mouvement ouvrier en Europe*.
16. Pierre JALÉE, *Le pillage du tiers monde*.
17. Georg LUKACS, *Balzac et le réalisme français*.
18. Ho Chi MINH, *Œuvres choisies*.
19. Che GUEVARA, *Le socialisme et l'homme*.
20. Frantz FANON, *Les damnés de la terre*.
21. Malcolm X, *Le pouvoir noir*.
22. Charles BETTELHEIM, *La construction du socialisme en Chine*.
23. Daniel GUÉRIN, *Le mouvement ouvrier aux Etats-Unis*.
24. Jean CHESNEAUX, *Le Vietnam*.
25. Fidel CASTRO, *Révolution cubaine*, I (1953-1962).
26. Fidel CASTRO, *Révolution cubaine*, II (1962-1968).
27. Lorand GASPAR, *Histoire de la Palestine*.
28. Frantz FANON, *Sociologie d'une révolution*.
29. Paul NIZAN, *Les matérialistes de l'antiquité*.
30. L. ALTHUSSER et E. BALIBAR, *Lire Le Capital*, I.
31. L. ALTHUSSER et E. BALIBAR, *Lire Le Capital*, II.
32. N. BOUKHARINE et E. PRÉOBRAJENSKY, *ABC du communisme*, I.
33. N. BOUKHARINE et E. PRÉOBRAJENSKY, *ABC du communisme*, II.
34. Che GUEVARA, *Œuvres I : La guerre de guérilla et autres textes militaires*.
35. Che GUEVARA, *Œuvres II : Souvenirs de la guerre révolutionnaire*.
36. Che GUEVARA, *Œuvres III : Textes politiques*.
37. Che GUEVARA, *Œuvres IV : Journal de Bolivie*.
38. Régis DEBRAY, *Révolution dans la révolution ? et autres essais*.
39. Walter BENJAMIN, *Essais sur Bertolt Brecht*.
40. Rosa LUXEMBURG, *Œuvres I : Réforme sociale ou révolution ? - Grèves de masses, parti et syndicats*.
41. Rosa LUXEMBURG, *Œuvres II : Textes politiques, 1917-1918*.
42. Frantz FANON, *Pour la révolution africaine*.
43. Emile COPFERMANN, *Le théâtre populaire pourquoi ?*
44. M. I. FINLEY, *Le monde d'Ulysse*.
45. Daniel GUÉRIN, *Sur le fascisme I, La peste brune*.
46. Daniel GUÉRIN, *Sur le fascisme II, Fascisme et grand capital*.
47. Rosa LUXEMBURG, *Œuvres III : L'accumulation du capital* (I).
48. Rosa LUXEMBURG, *Œuvres IV : L'accumulation du capital* (II).

49 Pierre JALÉE, *L'impérialisme en 1970*.
50 Paul LAFARGUE, *Le droit à la paresse*, préface de Maurice DOMMANGET.
51 Célestin FREINET, *Pour l'école du peuple*.
52 G. M. BRAVO, *Les Socialistes avant Marx*, I.
53 G. M. BRAVO, *Les Socialistes avant Marx*, II.
54 G. M. BRAVO, *Les Socialistes avant Marx*, III.
55 Paul NIZAN, *intellectuel communiste*, I.
56 Paul NIZAN, *intellectuel communiste*, II.
57 Renate ZAHAR, *L'œuvre de Frantz Fanon*.
58 C. SINELNIKOFF, *L'œuvre de Wilhelm Reich* I.
59 C. SINELNIKOFF, *L'œuvre de Wilhelm Reich* II.
60 Nathan WEINSTOCK, *Le mouvement révolutionnaire arabe*.
61 Constantin TSOUCALAS, *La Grèce de l'indépendance aux colonels*.
62 Michael LOWY, *La pensée de Che Guevara*.
63 Victor SERGE, *Ce que tout révolutionnaire doit savoir de la répression*.
64 Alfred ROSMER, *Moscou sous Lénine*, I.
65 Alfred ROSMER, *Moscou sous Lénine*, II.
66 Daniel GUÉRIN, *Ni Dieu ni Maître*, I - Anthologie de l'anarchisme.
67 Daniel GUÉRIN, *Ni Dieu ni Maître*, II - Anthologie de l'anarchisme.
68 Daniel GUÉRIN, *Ni Dieu ni Maître*, III - Anthologie de l'anarchisme.
69 Daniel GUÉRIN, *Ni Dieu ni Maître*, IV - Anthologie de l'anarchisme.
70 Louise MICHEL, *La Commune - Histoire et Souvenirs*, I.
71 Louise MICHEL, *La Commune - Histoire et Souvenirs*, II.
72 Charles BETTELHEIM, *L'économie allemande sous le nazisme*, I.
73 Charles BETTELHEIM, *L'économie allemande sous le nazisme*, II.
74 Pierre JALÉE, *Le tiers monde en chiffres*.
75 R. ALLEN, *Histoire du mouvement noir aux Etats-Unis*, I.
76 R. ALLEN, *Histoire du mouvement noir aux Etats-Unis*, II.
77 Nicos POULANTZAS, *Pouvoir politique et classes sociales*, I
78 Nicos POULANTZAS, *Pouvoir politique et classes sociales*, II
79 Charles BETTELHEIM, *L'Inde indépendante*.
80 Vo Nguyen GIAP... etc., *Récits de la résistance vietnamienne*.
81 Maurice GODELIER, *Rationalité et irrationalité en économie*, I.
82 Maurice GODELIER, *Rationalité et irrationalité en économie*, II.
83 Marcel COHEN, *Matériaux pour une sociologie du langage*, I.
84 Marcel COHEN, *Matériaux pour une sociologie du langage*, II.
85 *Le petit livre rouge des écoliers et lycéens* (interdit par le gouvernement français, *ce livre n'est pas en vente*).
86 J.-P. VERNANT, *Mythe et pensée chez les Grecs*, I.
87 J.-P. VERNANT, *Mythe et pensée chez les Grecs*, II.
88 Victor SERGE, *L'an I de la Révolution russe*, I.
89 Victor SERGE, *L'an I de la Révolution russe*, II.
90 Victor SERGE, *L'an I de la Révolution russe*, III, suivi de *La ville en danger*.
91 Partisans, *Pédagogie : Education ou mise en condition ?*
92 Jean DAUBIER, *Histoire de la révolution culturelle prolétarienne en Chine*, I.
93 Jean DAUBIER, *Histoire de la révolution culturelle prolétarienne en Chine*, II.

94	René BACKMANN, Claude ANGELI, *Les polices de la Nouvelle Société.*
95	Maurice DOMMANGET, *La Jacquerie.*
96	Karl MARX et Friedrich ENGELS, *Le Syndicalisme*, I : Théorie, organisation, activité.
97	Karl MARX et Friedrich ENGELS, *Le Syndicalisme*, II : Contenu et signification des revendications.
98	Paul M. SWEEZY et Charles BETTELHEIM, *Lettres sur quelques problèmes actuels du socialisme* (nouvelle édition augmentée).
99	Louis ALTHUSSER, *Lénine et la philosophie*, suivi de *Marx et Lénine devant Hegel.*
100	Wilhelm REICH, *La lutte sexuelle des jeunes.*
101	Che GUEVARA, *Œuvres V, textes inédits.*
102	Che GUEVARA, *Œuvres VI, textes inédits.*
103	J. HOBSBAWM, *Les bandits.*
104	J. DANOS et M. GIBELIN, *Juin 36*, I.
105	J. DANOS et M. GIBELIN, *Juin 36*, II.
106	Partisans, *Libération des femmes, année zéro.*
107	SALLY N'DONGO, *La « coopération » franco-africaine.*
108	« 4 Vertats », *Le petit livre de l'Occitanie.*
109	Partisans, *Sport, culture et répression.*
110	Ernest MANDEL, *La formation de la pensée économique de Karl Marx.*
111	Gérard CHALIAND et Juliette MINCES, *L'Algérie indépendante.*
112	Yves BENOT, *Qu'est-ce que le développement ?*
113	Basil DAVIDSON, *L'Afrique ancienne*, I.
114	Basil DAVIDSON, *L'Afrique ancienne*, II.
115-116	Victor SERGE, *Vie et mort de Léon Trotsky.*
117	Jean BENOIT, *Staline*
119	Charles BETTELHEIM, *Révolution culturelle et organisation industrielle en Chine.*
120	Karl MARX, Friedrich ENGELS, *Le parti de classe.* I.
121	Karl MARX, Friedrich ENGELS, *Le parti de classe*, II.
122	Karl MARX, Friedrich ENGELS, *Le parti de classe*, III.
123	Karl MARX, Friedrich ENGELS, *Le parti de classe*, IV.
124	Jacques RANCIÈRE, *Lire le Capital*, III.
125	Roger ESTABLET, Pierre MACHEREY, *Lire Le Capital*, IV.
126	Critiques de l'économie politique, *L'inflation.*
127	Claude PRULHIÈRE, *Québec ou Presqu'Amérique.*
128	Pierre JALÉE, *L'exploitation capitaliste.*
129	Guy CARO, *La médecine en question.*
130	Paulo FREIRE, *Pédagogie des opprimés*, suivi de *Conscientisation et Révolution.*
131	Karl MARX, Friedrich ENGELS, *Le mouvement ouvrier français*, I.
132	Karl MARX, Friedrich ENGELS, *Le mouvement ouvrier français*, II.
133	Reimut REICHE, *Sexualité et lutte de classes.*
134	Abdallah LAROUI, *L'Histoire du Maghreb*, I.
135	Abdallah LAROUI, *L'Histoire du Maghreb*, II.
136	Michel GUTELMAN, *Structures et réformes agraires. Instruments pour l'analyse.*
137	Kader AMMOUR, Christian LEUCATE, Jean-Jacques MOULIN, *La voie algérienne. Les contradictions d'un développement national.*
138	Roger GENTIS, *Les murs de l'asile.*
139	Mouvement d'action judiciaire, *Les droits du soldat.*
140	Mahmoud HUSSEIN, *L'Egypte. Lutte de classes et libération nationale I. 1945-1967.*

141 Mahmoud Hussein, *L'Egypte II. 1967-1973.*
142 Fernand Deligny, *Les vagabonds efficaces* et autres récits. Préface d'Emile Copfermann.
143 Pierre Vidal-Naquet, *La torture dans la république.*
144 *Les crimes de l'armée française.*
145 Partisans, *Garde-fous arrêtez de vous serrer les coudes.*
146 Collectif d'alphabétisation, GISTI, *Le petit livre juridique des travailleurs immigrés.*
147, 148 Yves Benot, *Indépendances africaines. Idéologies et réalité.*
149 Manuel Castells, *Luttes urbaines.*
150 Pierre Rousset, *Le parti communiste vietnamien* (volume triple).
151 Jacques Valier, *Sur l'impérialisme.*
152 Jean-Marie Brohm, Michel Field, *Jeunesse et révolution.*
153 Comité Sahel, *Qui se nourrit de la famine en Afrique ?*
154 *Tankonalasanté.*
155 Victor Serge, *Littérature et révolution.*
156 Fédération C.F.D.T. des P.T.T., *Des « idiots » par milliers.*
157 MLAC - Rouen Centre, *Vivre autrement dès maintenant.*
158 Pierre Salama, *Sur la valeur.*
159 Marcel Martinet, *Culture prolétarienne.*
160 Karl Marx, Friedrich Engels, *Utopisme et communautés de l'avenir.*
161 Karl Marx, Friedrich Engels, *Les Utopistes.*

ACHEVÉ D'IMPRIMER EN JANVIER 1976
SUR LES PRESSES DE L'IMPRIMERIE
CORBIÈRE ET JUGAIN A ALENÇON (61)
DÉPÔT LÉGAL : 1ᵉʳ TRIMESTRE 1976
QUATRIÈME TIRAGE :
28 000 A 35 000 EXEMPLAIRES
ISBN 2-7071-0008-0